伟大城市
The Great City

巴黎
一个伟大城市的故事

PARIS
THE STORY OF A GREAT CITY

[法] 丹妮尔·查第奇　多明尼克·勒伯涅 著
林付蕾 译

中国友谊出版公司

图书在版编目（C I P）数据

巴黎 / (法) 丹妮尔 · 查第奇，(法) 多明尼克 · 勒伯涅著 ；林付蕾译. -- 北京 ：中国友谊出版公司，2018.6 (2020.5重印)
（一个伟大城市的故事）
书名原文：PARIS：THE STORY OF A GREAT CITY
ISBN 978-7-5057-4355-7

Ⅰ. ①巴… Ⅱ. ①丹… ②多… ③林… Ⅲ. ①城市史-巴黎 Ⅳ. ①K956.5

中国版本图书馆CIP数据核字(2018)第060644号

著作权合同登记号 图字：01-2018-2674

书名 巴黎：一个伟大城市的故事
作者 [法]丹妮尔 · 查第奇　多明尼克 · 勒伯涅
译者 林付蕾
出版 中国友谊出版公司
发行 中国友谊出版公司
经销 新华书店
印刷 辽宁虎驰科技传媒有限公司
规格 710×1000毫米　16开
22印张　275千字
版次 2018年9月第1版
印次 2020年5月第2次印刷
书号 ISBN 978-7-5057-4355-7
定价 98.00元
地址 北京市朝阳区西坝河南里17号楼
邮编 100028
电话 (010) 64678009

x magots
94/46
Monnier

LE JOURNAL LE M
Le Peti
QUATRE MILLI

NFORME C'EST
Journal
de lecteurs

目 录 CONTENTS

FUN·EXCITAVIT·LUD·XV

PARIS

THE STORY OF A GREAT CITY

前言

巴黎每年吸引着 2700 万来自法国和其他国家的游客，受欢迎程度是世界上任何其他城市都无可比拟的。得益于其精彩纷呈的各色建筑、博物馆、公园和咖啡馆，巴黎活力四射，已经从其源起的隶属于里昂行省的一个小镇卢泰西亚（Lutetia）[①] 成长为如今有着国际魅力的首都。

与其他都城相比，巴黎相对而言显得拥挤，毕竟仅仅 66 平方英里 [②] 的地域容纳了超过 200 万居民。巴黎坐落于塞纳河主要渡口之上，尽享这条繁忙的南北水道带来的便利。巴黎的发展步调则与城内几座防卫性的城墙密切相关，这些城墙建于古希腊罗马时期到 1920 年间，仅仅在 1670—1785 年英法百年战争时期有所中断。

巴黎城是数世纪历史的产物，保留着每个时代的印记。从中世纪一直到 19 世纪，国王、王后以及国王们建起了防卫城墙、宫殿、桥梁以及喷泉；建起了教堂和大学；他们鼓励建筑土地开发，开起了医院、集市和学校。弗朗索瓦一世、亨利四世、路易十四、拿破仑·波拿巴和拿破仑三世都兴致勃勃地致力于增添巴黎城的

---

① 前罗马时代与罗马高卢时代的城镇，巴黎前身。——译者注

② 1 平方英里 ≈259 万平方米或 3885 亩。——译者注

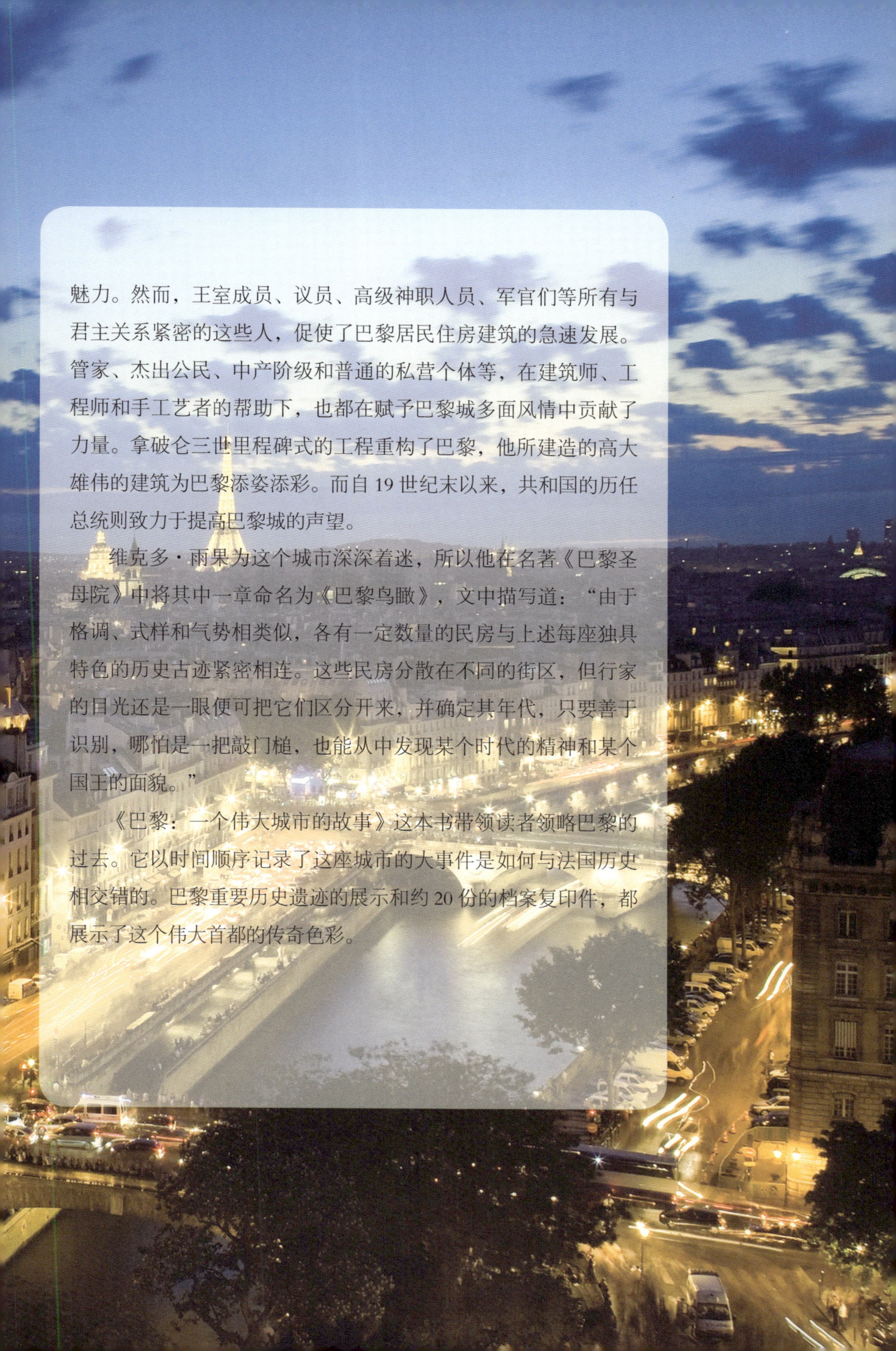

魅力。然而，王室成员、议员、高级神职人员、军官们等所有与君主关系紧密的这些人，促使了巴黎居民住房建筑的急速发展。管家、杰出公民、中产阶级和普通的私营个体等，在建筑师、工程师和手工艺者的帮助下，也都在赋予巴黎城多面风情中贡献了力量。拿破仑三世里程碑式的工程重构了巴黎，他所建造的高大雄伟的建筑为巴黎添姿添彩。而自 19 世纪末以来，共和国的历任总统则致力于提高巴黎城的声望。

维克多·雨果为这个城市深深着迷，所以他在名著《巴黎圣母院》中将其中一章命名为《巴黎鸟瞰》，文中描写道：“由于格调、式样和气势相类似，各有一定数量的民房与上述每座独具特色的历史古迹紧密相连。这些民房分散在不同的街区，但行家的目光还是一眼便可把它们区分开来，并确定其年代，只要善于识别，哪怕是一把敲门槌，也能从中发现某个时代的精神和某个国王的面貌。”

《巴黎：一个伟大城市的故事》这本书带领读者领略巴黎的过去。它以时间顺序记录了这座城市的大事件是如何与法国历史相交错的。巴黎重要历史遗迹的展示和约 20 份的档案复印件，都展示了这个伟大首都的传奇色彩。

CHARCUTERI
Rue Maître-Albert
30 Janv. 1910.

巴黎起源

巴黎平均海拔26米（85英尺），周围群山环绕，如海拔约128米（420英尺）的蒙马特山（Montmartre）和贝尔维尔山（Belleville）。巴黎之河——塞纳河的河道轨迹在过去几个世纪几经更改。在距今12 000年前，也就是史前时期，尽管流量不大，塞纳河却极为重要。它基本上沿着巴黎主要大道蜿蜒，怀抱贝尔维尔山、梅尼蒙当山、蒙马特高地，直到阿尔马桥（Pont de l'Alma）。在某一点河道爬至最高，然后，塞纳河果断放弃了它绵延的曲线，

上页图 路易丝·佩林（Louis Perin）的水彩画《巴黎五区的迈特·艾伯特大街》(*rue Maître Albert*)，该画描绘了1910年巴黎大洪水的景象。洪水始于1月21日，在同月28日达到巅峰，一直到3月15日才完全消退。那段时间，巴黎人必须用船和独木舟作为交通工具出行。

VUE PRISE DE LA TOUR DE L'HO

DE LA GARE DE LYON - 29 JANVIER 1910

直冲而下，这条直线河道一直保留至今。巴黎大约每百年遭遇一场洪水，每当洪水过后，塞纳河就有恢复其旧河道的趋势。1910年大洪水期间，离河道相当远的里昂站（Gare de Lyon）[①] 和圣拉扎站（Gare Saint-Lazare）[②] 就被埋入水下。如今，尽管各种保护措施齐备（水闸、水库和加高的堤岸），巴黎仍然对洪水心存惧意。

在距今11000年到公元前500年期间，人们逐渐在巴黎周边定居下来。在中石器时代（距今11000年），游牧民族在塞纳河岸建立了一个临时营地。作为以狩猎采集为生的猎手，他们围猎野猪、雄鹿、狍子等。这些可由在巴黎十五区亨利·法尔芒大道（rue Henry Farman）62号出土的炉灶和箭头遗迹证实。这些猎手偏好使用弓和箭，然而只有由燧石（一种耐用的材料）打造的箭头才得以保存到现在。

从距今6500年开始的新石器时代到公元前500年铁器时代，巴黎被作为长期居所定居。在这4000多年里，人们在河边的贝尔希（Bercy）群居，也就是现在巴黎十二区的贝尔希码头（Quai de Bercy），通过挖空木头制成的独木舟沿河溯游。他们是农民，主要以种植庄稼和蓄养家畜为生，有时也出去狩猎，采集野果，用猎叉叉鱼。他们切割和打磨骨头和燧石制品，烧制陶器。在现在罗浮宫的位置，发现了距今6000年左右居民务农及墓葬仪式的痕迹，由此推断在那个时期，人们居住在现罗浮宫附近。

卢泰西亚是巴黎前身，但我们并不知道卢泰西亚的城堡的准确位置在哪里。很长一段时间历史学家们相信它就位于西岱岛（The île de la Cité）[③]，然而并没有任何高卢遗迹在西岱岛被发现。尽管说有挖掘出房屋的地基，这暗示至少有一个短期的城市结构，但并不足以证明在西岱岛长期的城市发展。唯一能支持我们把卢

---

① 里昂站（Gare de Lyon），巴黎七大火车站之一。——译者注

② 圣拉扎站（Gare Saint-Lazare），巴黎七大火车站之一。——译者注

③ 西岱岛，又称城岛，是位于法国巴黎市中心塞纳河中的两座岛屿之一（另一座为圣路易岛），也是巴黎城区的发源地，著名的巴黎圣母院和圣礼拜堂都位于该岛。——译者注

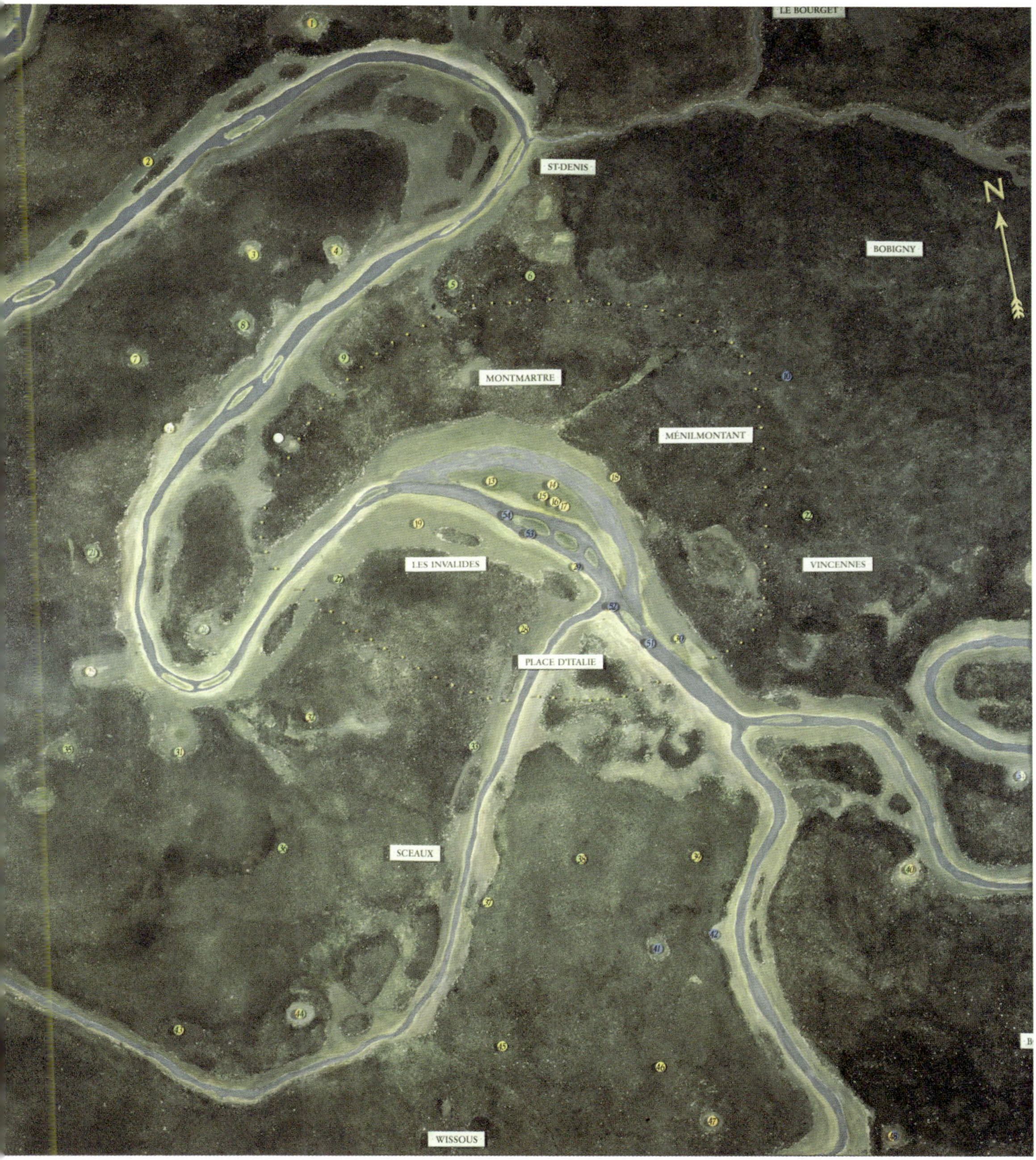

上图 史前时期的巴黎及其周边的地理模型，由劳伦·勒努（Laurent Renou）制作。在史前时期，塞纳河相比现在更加向北扩散。

上图 高卢金币，包含了一个斯塔德(Stater)[①]，三分之一斯塔德，和四分之一斯塔德，使用于公元前100年，它们分别被发现于塞纳河河床上、西岱岛以及圣日耳曼林荫大道（Boulevard Saint-Germain）。巴黎西人在公元前100年开始使用货币。

① 斯塔德（Stater），古希腊货币单位。——译者注

泰西亚的地址定在高卢（现法国）的证据就是尤利乌斯·恺撒[②]征服高卢时所著的《高卢战记》[③]。

公元前52年，定居在卢泰西亚附近的一个小部族——巴黎西（Parisii），加入了韦辛格托里克斯（Vercingetorix）的军队，韦辛格托里克斯是高卢起义领袖，领导各个高卢部落一起反抗罗马侵略。为了镇压巴黎西的反叛，尤里乌斯·恺撒派了他的副官拉比努斯（Labienus）亲赴卢泰西亚，而卢泰西亚被他描述成“巴黎西的城堡位于塞纳河上的一个小岛上”。卢泰西亚由加米罗尼亚（Camulogène）守护，加米罗尼亚是当时高卢人的领袖，他常用一种焦土策略——就是给城市点火，毁坏木桥（来抵抗敌军）。拉比努斯成功地戏弄了高卢的守卫者，并将他们搅入卢泰西亚的战争中，战争最后以加米罗尼亚死亡，其军队大败而结束。

韦辛格托里克斯在公元前52年战败于阿莱西亚（Alesia），最终向罗马投降。

具体指出卢泰西亚到底在西岱岛哪个位置实在很有争议性，尤其是恺撒并没有亲自到卢泰西亚，也没有任何清楚的地理细节的描述。在卢泰西亚应该存在的那段时间，西岱岛由四个小岛屿组成，这四个岛屿由于地势低于海平面6米，因而常年遭遇洪水。尽管2003年，在楠泰尔（Nanterre）[④]发现了高卢城堡的遗迹，占地20

② 恺撒，罗马共和国末期的军事统帅。——译者注

③ 《高卢战记》恺撒描述自己从公元前58年到公元前50年担任高卢行省省长时遭遇到种种事件的随记。——译者注

④ 楠泰尔（Nanterre），法国巴黎市西郊工业区。位于巴黎盆地，塞纳河河曲中。——译者注

公顷（50 英亩），这与一般城堡主体建筑的平均面积一致。

楠泰尔城堡包含了一个位于塞纳河上的港湾，一个商业中心，不同的工业区（磨面作坊，编织区，屠宰场），以及居住区。然而，楠泰尔以前被称为楠木托都然（Nemetodurum），而不叫卢泰西亚，卢泰西亚应该在 14 公里外。

一些考古学家认为可能有两座城堡，一座在楠泰尔，另一座在西岱岛，两者互为补充。其他的考古学家则认为卢泰西亚位于塞纳河的小岛上，或者位于一个已经被河水吞噬的河岸上。他们认为在西岱岛还有很多有待挖掘的遗址，有可能会有惊喜掩藏其中。

上图 1992 年在贝尔希出土的 10 艘独木舟，或者独木舟残片，每一个都是由一整棵橡树枝干挖空而成。其中最大的一个 5.4 米（17 英尺）长，年代最老的可追溯到距今 6500 年前，最近的距今 4200 年前。

右图 柯尔蒙（Cormon），也就是弗尔南·安妮·皮斯特（Fernand Anne Piestre，1845—1924）1911 年所画的卢泰西亚战争中的恺撒副官拉比努斯和巴黎西领袖加米罗尼亚。

卢泰西亚

上图 罗马帝国早期的一个带钩，青铜制品，外形是一条小船，船上面坐着三个人。

公元1世纪到5世纪，在罗马帝国早期，高卢被罗马征服之后，迎来了一段和平和繁荣发展的时期。卢泰西亚成为古里昂省[①]的一个行政中心，该省以里昂为省会。自从3世纪以来，基督教在巴黎第一位主教圣丹尼斯的庇护下得到了发展。公元250年，圣丹尼斯和他的同伴一起被斩首于蒙马特山。蒙马特在法语中的意思就是“烈士之山”，该名字正是为了纪念圣丹尼斯等基督教徒的这次殉难。

尽管右岸也有一些零星的居民，但除了沼泽及洪水泛滥的地区，卢泰西亚小镇总体上还是被分为两个部分，西岱岛（the île de la Cité）和左岸的圣吉纳维夫[②]山（St Genevieve's Mount）。小镇的街道纵横交错，坐标网般的街道从圣吉纳维夫山的最高点呈放射状延伸出来，圣吉纳维夫山的最高点在现在巴黎五区的圣雅克街（Saint-Jacques）172—174号，这也是卢泰西亚的“卡杜·马克思摩斯大道（Cardo Maximus）[③]”，也就是其主要南北轴线的起点。这条中心大道南北延伸，与圣雅克街以及其他各条与圣雅克街平

① 是法国东部旧省，因里昂而得名，在加罗林王朝后被重新规划为勃艮第王国的一部分。——译者注

② 圣吉纳维夫（St Genevieve），圣女吉纳维夫。传说她阻止了匈奴国王阿提拉对巴黎的入侵，还对当时的法兰西国王克罗维一世（约466—511）皈依基督教做出了贡献，被认为是巴黎的保护神。——译者注

③ 卡杜·马克思摩斯大道（Cardo Maximus），又称列柱大道，是古罗马时代的南北大道，罗马主大街。——译者注

右图 公元 275 年的一系列青铜器具，1880 年在乔伊兹大道（Avenue de Choisy，巴黎十三区）180 号的墓葬中被发现。其中包含了一个金属大锅、一些钳子、一个医用压舌板、几把医用小刀、几个探针，以及几个皮带扣。据推测这些皮带扣来自用来固定病人的绑带，还有一个箱子，可能用于放置各种药品。

行的且东西走向的二级道路呈直角交叉，这样的城市构造与古罗马城市如出一辙。

卢泰西亚古迹丰富：一个广场（市民和宗教生活的中心），三个公共浴场，一个剧院和一个竞技场。其中两处，克吕尼浴场（Cluny baths）① 以及卢泰西亚竞技场被很好地保存了下来。浴场是高卢—罗马文化中一个基本的公共场所，它给人们提供了一个进行洗浴仪式、照料身体以及锻炼运动的场所，让人们得以保持卫生和健康。由于居民们往往喜欢在这些可供娱乐放松和社交的地方会面，这些浴场还承担了一定的社会功能。

克吕尼温泉浴场遗迹位于巴黎五区保罗·班乐卫广场 6 号（6 Place Paul-Painlevé）。浴场建于罗马皇帝哈德里安（Hadrian，117—138）或者安东尼·庇乌（Antonin le Pieux，138—161）在位期间，原本占地 1 公顷（2.5 英亩），远大于现在遗迹的面积，但如今也仅存这点遗迹了。从中世纪起，浴场被克吕尼修道士所有，

① 克吕尼浴场（Cluny baths），现克吕尼博物馆，L'Hotel de Cluny。——译者注

此间浴场不断被更改为其他用途，因而得以保存。

位于巴黎五区阿热那大街 6 号（6 rue des Arène）和蒙热大街 47 号 (rue Monge) 的卢泰西亚竞技场曾经是拥有一个舞台的圆形剧院。在这个剧院不仅仅展示着各种剑术格斗和疯狂的狩猎，还包含了哑剧、舞蹈、歌曲等表演。这个剧院可以追溯到公元 1 世纪，是罗马最大的剧院之一，长 130 米（427 英尺），宽 100 米（328 英尺），能容纳 17000 名观众，这远大于卢泰西亚小镇仅仅 6000 名的居民数量。

后罗马帝国时期，从 4 世纪到 5 世纪，卢泰西亚在抵御日耳曼侵略的防卫布局中占据了重要地位。罗马皇帝“叛教者”尤里安使卢泰西亚成为罗马军队的总部。其实他一样可以选择其他城市，但他偏爱卢泰西亚。因为在公元 360 年，他正是在卢泰西亚加冕称帝，正如公元 358 年他在著作《厌胡者》（*Misopogon*）① 中所写道：

> 那时我至爱的卢泰西亚正处于冬季，这里就是恺撒所称的巴黎西小镇。它是一个完全被河水环绕的小岛，木

左图 大象形状的青铜挂钩，源自罗马帝国早期。

① 《厌胡者》（*Misopogon*，英译 *Beard Hater*），君士坦丁王朝国王“叛教者”尤里安的讽刺文。当尤里安于公元 363 年在安提阿备战时，当地流传着对这位异教信仰的蓄胡国王的讽刺诗。尤里安为展现自己的文采，作了这篇反讽自己的文章，张贴在安提阿宫殿门口。——译者注

画家让·嘉米里·弗米格（Jean-Camille Formigé，1845—1926）在1917年以彩图重现的卢泰西亚竞技场，椭圆形的剧院被阶梯式的平台环绕，景观极为开阔别致。

E LVTECE

TVTION

上图 1845 年阿什利 · 波瓦霍特（Achille Poirot，1797—1852）绘制的温泉浴场大厅。画中描绘的是克吕尼温泉浴场的冷水浴室。这些浴室现在是中世纪国家博物馆（Musée National du Moyen Age）的一部分，人们重新将这些浴场和克吕尼博物馆联系了起来。

桥从各个方向延伸到该岛，河水几乎不涨潮或衰退，无论冬夏，它都几乎保留在一模一样的水位。在想从河中舀水来喝的人眼中，这河水水色宜人，十分清澈，而由于这不过是一个岛屿，居民们必须从河里取水来喝……那里有上好的葡萄藤，有些人不惜力气地在那里种起了无花果树，为了使无花果树在冬天得以存活，他们必须在冬天用草编的毯子将无花果树围起来，从而抵御严寒的天气。

上图 人形铜瓶，公元 2—3 世纪，1878 年出土于皮埃尔·尼古拉路 39—41 号，这个容器只剩下上半部分了，应该是用于装粉状香料或者调味料，或是用于装香油。

在 4 世纪时，巴黎这个名字——巴黎西的地方的省略词上，也就是巴黎西人的城镇——开始在卢泰西亚流行开来。早期的居民们也开始放弃左岸，而退回到西岱岛，并在西岱岛上建起了两座建筑。在西面，也就是现在巴黎一区的宫殿大道 4 号（4 Boulevard du Palais）立法大楼（Palais de Justice）的位置，当时矗立着王室宫殿。在东面，在现巴黎四区路易·雷平广场（Place Louis Lepine）的位置，则是一座长方形廊柱大厅[①]，也许承担着一些市政、司法或军事功能。西岱岛变成了一座抵御蛮族入侵的堡垒，被各种防护墙所包围，而建造这些防护墙的部分石块就来自左岸的一些历史遗迹。这个城堡的遗迹现仍保存在位于巴黎四区让 - 保罗二世广场，圣母院教堂前广场 7 号（Parvis Notre-Dame，Place Jean-Paul II ）的巴黎圣母院（Notre-Dame Cathedral）的地下室里。

① （古罗马）长方形廊柱大厅（用作法庭或会堂）。——译者注

克罗维王国的都城

公元 5 世纪，罗马帝国在西哥特人、勃艮第人、阿勒曼妮人以及弗兰克尼亚人[①]的进攻下濒于分裂，在那段黑暗时期，很不可思议的，出现了三位伟大的人物：圣吉纳维夫、国王克罗维一世和国王希尔德贝尔特一世（King Childebert I）。

吉纳维夫出生于公元 415 年左右，公元 451 年她预言上帝会将这个城镇从匈奴入侵中挽救出来。作为城市治安官，她履行职权，

右图 克罗维之塔，之前是圣吉纳维夫修道院的钟楼，现位于亨利四世公立中学内。

① 西哥特人、勃艮第人、阿勒曼妮人以及弗兰克尼亚人都是日耳曼民族的部落。——译者注

阻止人们逃离城镇，并动员女人们来祈祷和斋戒。当匈奴的首领阿提拉（Attila）撤兵巴黎时，她赢得了极大的拥戴。为表彰她的功绩，公元 502 年她被葬于圣吉纳维夫山顶的路旁圣殿。

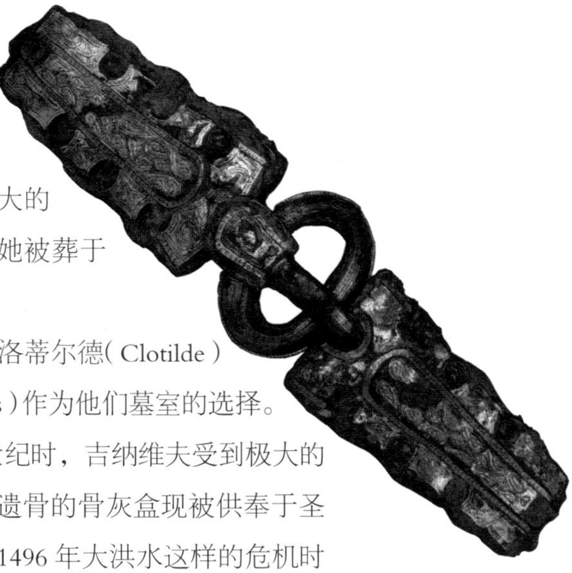

上图 17 世纪的金属皮带扣，外壳是银和黄铜，挖掘于圣日耳曼德佩教堂的公墓中。这个别致的物品应该曾是女士裙子的装饰品。

在这个圣殿，克罗维一世和妻子克洛蒂尔德（Clotilde）建造了信徒大厅（Basilica of the Apostles）作为他们墓室的选择。这里后来变成了圣吉纳维夫教堂。8 世纪时，吉纳维夫受到极大的推崇，成为巴黎的守护神。保存有她遗骨的骨灰盒现被供奉于圣吉纳维夫修道院中，这个骨灰盒在像 1496 年大洪水这样的危机时期，也曾辗转于巴黎各处保存。

1790 年，久负盛名的圣吉纳维夫修道院被拆除，而圣吉纳维夫教堂则变成了先贤祠，其中的修道士建筑则在 1796 年被改造为亨利四世公立中学（Lycée Henri IV）。如今，回廊、先知楼梯、图书馆、小礼拜堂、厨房、餐厅、钟楼等永远地提醒着人们关于那已逝的修道院的记忆。

克罗维一世（Clovis I，466—511）是法兰克人部落萨利昂（Salian）的国王，他在 486 年发生的苏瓦松战役（Battle of Soissons）中成功击败了罗马军队。这场胜利使他的统治扩张到了卢瓦尔河（Loire）地区。在吉纳维夫和王后克洛蒂尔德的劝说下，克罗维一世皈依天主教。他效仿君士坦丁大帝①，在公元 496 年艰难地在曲尔皮希战役（Tolbiac）中战胜阿勒曼尼人(Alemanni)后，宣布放弃异教信仰，拥抱基督教。他具体的受洗年份历史学家们仍未确定，大概在公元 497 年，公元 498 年或者公元 499 年的 12 月 25 日，在 3000 名法兰克战士的陪伴下，主教圣雷米吉乌斯（St Remigius）为克罗维一世实施了洗礼。

① 君士坦丁大帝，罗马帝国皇帝，君士坦丁王朝的开创者，第一位皈依基督宗教的罗马皇帝，在公元 313 年与李锡尼共同颁布《米兰敕令》（Edictum Mediolanense），承认在帝国内部所有宗教信仰的自由。——译者注

克罗维一世皈依基督教，从此政治权力和宗教特权紧密相连，这推动了法兰克人和高卢罗马人的融合，继而带来了宏大宗教建筑的繁荣。法国君主们神授的统治权就源于这场洗礼。公元508年，克罗维一世把自己王国的基地定在了前罗马皇帝的王宫，巴黎成了他偏爱的居所。从此，巴黎拥有了首都的地位，一直到7世纪，巴黎一直保有其作为首都的超然地位。

国王希尔德·贝尔特一世（511—558）是克罗维一世的儿子，他督建了圣艾蒂安大教堂（Church of Saint Étienne）。圣艾蒂安大教堂的轮廓现在在巴黎圣母院前的广场内得以重建。558年，希尔德·贝尔特一世建造了圣克罗伊教堂（Basilica of Sainte-Croix）以及圣文森教堂（Saint-Vincent，现圣日耳曼德佩教堂），用来存放从西班牙得来的珍贵文物。如圣文森的无袖上衣，托莱多（Toledo）[1]的一个金十字架。希尔德·贝尔特一世打算将这个教堂改造成王家陵墓，与修道院毗邻，为此他慷慨地拨出大笔资金。公元558年12月22日，在这个神殿，依照克罗维一世所开创的葬礼仪式，希尔德·贝尔特一世的遗体被放于精美的石棺中，葬于教堂地下挖出的墓穴中。这个修道院富有且有权力，但是它的声望则来自一批致力于解释传播古代文章或历史学家的学术作品的启蒙者们。这个修道院毁于1790年，现在仅剩下圣日耳曼德佩教堂和修道院长的宫殿。

6世纪和7世纪时，梅罗文加王朝的国王们更喜欢住在城郊的霍伊尔宫（Reuil）和克里希宫（Clichy），巴黎的地位因此有所下降。然而，正是这段相对和平的时期使得巴黎左岸约12座教堂，如圣赛维林教堂（Saint Séverin）和圣马塞尔（Saint Marcel）重新开放。而在右岸，根据在圣保罗香榭教堂（Church of Saint-Paul-des-Champs）、圣热瓦教堂（Saint-Gervais）以及圣马丁香榭教堂（Saint Martin-des-Champs）附近出土的家庭用品和武器，可以看出当时人们在附近集居。

下页图 1625年，由乔治·拉勒曼（George Lallemant）和菲力普·德·尚帕涅（Philippe de Champaigne）所作的画，展示了巴黎向圣吉纳维夫奉献的场景。这幅画来自塞纳-马恩省（Seine-Marne）的蒙蒂尼朗库教堂（Church of Montigny-Lencoup）。

---

① 托莱多（Toledo），西班牙古城。——译者注

右图 位于圣日耳曼德佩教堂(St-Germain-des-Prés)里的《圣母怜子图》细节图，该画是15世纪一名佚名画家所作。画中展示了一个防卫森严的修道院，仅有一个吊桥可以进入。对面，在河的另一边，则坐落着罗浮宫，远方则是在山丘上俯瞰巴黎的蒙马特修道院(the Abbey of Montmartre)。

整个9世纪，斯堪的纳维亚人乘着帆船，漂洋过海来到巴黎，他们掠夺修道院的财富，洗劫整个城市，焚烧房屋和教堂，偷盗珠宝、钱财、船只、祭祀器皿、帕里亚弗西索尼娅布料、法兰克人的佩剑以及其他可携带的物品。有时，他们劫走奴隶并要求统治者赎回这些奴隶。他们恐吓在西岱岛避难的平民，人们不得不加固西岱岛的围墙。公元870年，为了巩固西岱岛的防卫，国王秃头查理（Charles the Bald）在现在兑换桥（le Pont-au-Change）的位置建了一座桥梁并以自己的名字命名，这个桥梁侧面与一个防卫塔相连。885年，查理国王在佩蒂特桥（Petit-Pont）入口处又增加了一个防卫塔。

下页图 圣·奥古斯丁（Saint Augustine）《上帝之城》(*La Cité de Dieu*)[①]彩印本中克罗维一世受洗图[②]。《上帝之城》在1480年由拉乌尔·普锐斯勒(Raoul de Presle)翻译并写序言。在克罗维一世战胜德国后，主教圣雷米吉乌斯（St Remigius）为他主持洗礼。

公元885年11月，一支号称不可战胜的维京部队，包围了巴黎。这支拥有着700艘战舰、40000兵力的部队包围巴黎长达一年时间。巴黎人民因而退守西岱岛，并在主教高兹兰（Gozlin）的带领下进行了英勇的抵抗，最后巴黎的奥多伯爵（Odo）和维京部队谈判，以赔钱的方式换得了他们的撤退。这支部队的野蛮侵袭，致使巴黎开始衰落，这个状况一直持续到了19世纪。

① 《上帝之城》，古罗马基督教著作，论述神圣的照管及人类的历史。提醒神的国度是属灵及永垂不朽的，而并非是这世界任一国家能取代的。——译者注

② 洗礼，基督教接受人入教时所举行的一种宗教仪式，把水滴在受洗人的额上，或将受洗人身体浸在水里，表示洗净过去的罪恶。——译者注

A vous tresexcellent prince
Charles le quint roy
de france. Je Raoul de
praelles vostre humble
serviteur z subiect.
Tout vostre z tout ce que
je scay z puis a vostre commandement. Comme il
est doubte seigneur les natures comme
Plyne. Adelin. Aristote. Bede z autres
qui firent les livres des proprietez des

choses mettent laigle roy souverain de tous
les oyseaulx. et entre les proprietez dont elle
a plusieurs len en attribuent iij. principaulx
La premiere est que elle surmonte par son
vol tous autres oyseaulx. La seconde que
elle regarde ductement z sans flechir le soleil
La tierce que elle preuve ses faons z ceulx
qui plainement ne peuent regarder le soleil
sans flechir elle les gette hors de son nid z
reme. Et quant jay bien considere et

泰奥多尔·霍夫堡（Théodore Hoffbauer）的彩色版画，画中描绘了小城堡（Le Petit Châtelet）[①] 和小桥在 1717 年的场景。画中的小城堡在 1783 年已被毁坏。

① 9 世纪起，为保护连起巴黎岛屿和塞纳河岸的两座桥梁，巴黎人专门建立了两个城堡，分别称为大城堡（le Grand Châtelets）和小城堡（le Petit Châtelets）。——译者注

卡佩王朝的承继

公元888—898年，巴黎的英雄奥多伯爵统治着法兰西公国。公元987年，他伟大的侄子——雨果·卡佩（Hugues Capetian）被推举为王，雨果·卡佩由此建立了卡佩王朝（Capetian Dynasty），这个王朝的王权代代相传，统治法国一直到1328年。当时的行政中心位于市政厅，市政厅由虔诚者罗贝尔二世（Robert the Pious，996—1031）[①]重建，国库则由圣殿骑士（Knights Templar）看管。路易六世（Louis VI，1108—1137）和路易七世（Louis VII，1137—1180）迁入巴黎时，巴黎正经历极大的人口扩张，王室的迁入更加刺激了巴黎经济、宗教和艺术的复兴。

经济活动主要集中在格赫夫港（Port de Grève）和格赫夫宫殿附近（现巴黎市政厅广场 Place de l'Hôtel de Ville）。格赫夫港是个天然的小峡谷，非常适合沿河贸易。它位于巴黎监狱和军官行政总部所在的城堡（Le Châtelet）附近，峡谷道路四通八达，并且1142年人们在峡谷上建造了一座大桥（Grand-Pont），可以直接进入西岱岛，经济的繁荣也得益于如此便利的交通。金匠银匠以及货币兑换商人在这里建起了小店，所以这座桥的名字又叫为兑换桥。

脚夫们在格赫夫港卸下从勃艮第运来的红酒，波恩运来的小麦，还有原木、沙石等。船只停靠在学院港（Port de l'Ecole）（罗

① 罗贝尔二世，卡佩王朝第二位国王。——译者注

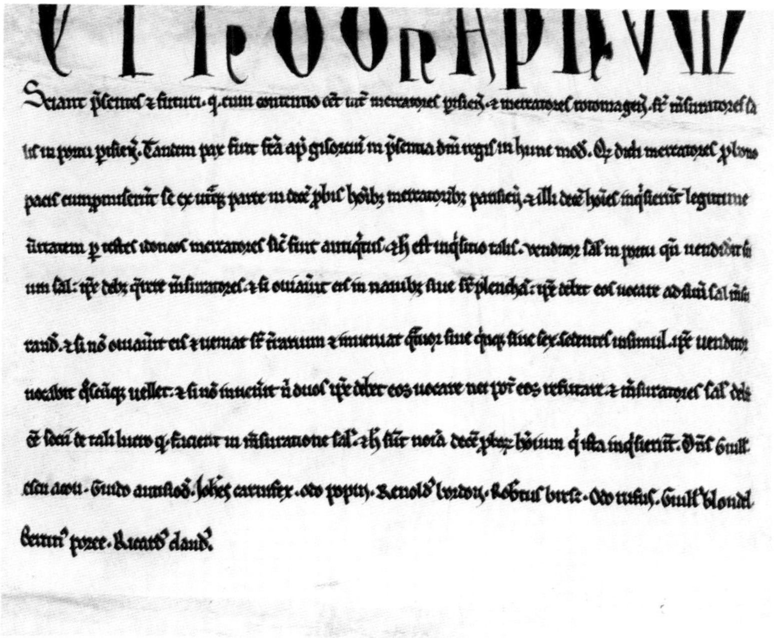

左图 巴黎和鲁昂的水上商人就巴黎港口的盐的度量方式在吉索尔(Gisors)签订的一份合同（1210 年1月）。

浮宫码头 Quai du Louvre ）， 然后满载着鱼、木材、盐、诺曼底苹果酒、默东（ Meudon ）的葡萄酒， 沿着塞纳河溯流而上。这些掌控经济的“水上商人”建立了一个强有力的协会——汉萨同盟（ Hanseatic League ），这个同盟在 1134 年为路易六世所承认。1137 年，路易六世在仓库不远的地方建起了香波市场（ Les Champeaux ），这里后来成为中央市场（ Les Halles ），并逐渐发展成为巴黎的经济中心。

在诸如圣热瓦教堂和圣日耳曼罗泽胡教堂（ Saint-Germain-l’Auxerrois ）这样的教堂周围开始出现繁荣的街区，建于 1067 年的

上图 位于十八区塞尼山路2号（2 rue de Mont-Cenis）的蒙马特圣皮埃尔教堂延伸出的礼拜堂。该教堂历史可追溯到1180年，尽管已被重建，它仍然保留了罗马式布局及这个礼拜堂。

圣马丁香榭教堂小修道院，以及1150年建成的寺庙围场，也成了城市发展扩张的中心地带。路易六世和阿德莱德·赛瓦（Adélaïde of Savoy）① 在1134年建造了蒙马特修道院，这个修道院的圣皮埃尔教堂1147年投入使用，现在仍然屹立于蒙马特孤峰之上。

尽管巴黎右岸不断向北发展，左岸的发展却慢得多。诺曼底入侵后，巴黎人花了150年才重建了诸如圣马塞尔等教堂。以学术教育闻名的圣维多修道院（Abbey of Saint Victor）在1160年才得到教皇诺森三世（Pope Innocnent III）的认可。这次，圣朱利安伯夫教堂（Church of Saint-Julien le Pauvre）得以建造，圣朱利安伯夫教堂是巴黎少见的罗马式建筑。圣日耳曼德佩修道院的建立则推动了圣日耳曼区的扩张，1176年，在圣日耳曼区开始出现一个著名的一年一度的集市。

---

① 路易六世的第二任妻子。——译者注

上图 法国国王的加冕之剑以及剑鞘，被称为理查曼之剑，或者快乐（之剑）。剑柄顶部可追溯到 10 世纪或者 11 世纪，剑柄来自 12 世纪，剑身则来自 13 世纪。这柄剑由黄金和钢铁制成，辅以珍珠、银箔、宝石以及刺绣丝绒做装饰。这柄剑是在 1825 年为了查理十世（Charles X）的加冕礼而铸造，剑身镶有鸢尾花花纹[①]。

① 旧时法兰西王室纹章。——译者注

圣丹尼斯修道院

据说，圣丹尼斯在公元250年被斩首，葬于巴黎北部。吉纳维夫在他的葬身之地建造了一座小礼拜堂，达戈贝尔特（Dagobert）[①] 将圣人的棺木迁入圣丹尼斯修道院（The Abbey of Saint-Dennis）。后来，卡佩王朝的国王们也将圣丹尼斯修道院作为王家陵园。路易六世手下官员阿伯特·苏歇（Abbot Suger）极其慷慨地用各种奢华物品装点了圣丹尼斯修道院，并发展出了王家加冕的庆典仪式。象征着王权的骑士徽章（马刺[②]和剑）、王冠、礼服、权杖（正义之手）、礼拜所用的乐器这些器具平时被保存于圣丹尼斯修道院，在加冕典礼当天，它们被送至兰斯大教堂（Reims Cathedral）。这些器具和圣丹尼斯的珍藏一起，被收藏于罗浮宫。

巴黎大主教莫里斯·德·绪利（Maurice de Sully）为了整肃西岱岛人的宗教信仰，拆毁了圣艾蒂安教堂。他在巴黎圣母院前面建起了一个喷泉广场，周围以很低的围墙围着，还建起了一条3米(10英尺)宽的大道，以便信徒们排队进入。1163—1330年间，人们还在巴黎圣母院旁建起了新的主教宫殿（Episcopal Palace）以及主教医院（Hôtel-Dieu）。

这个拱顶之下127米（416英尺）长、40米宽（130英尺）、33米高（108英尺）的主体建筑是由一个十个开间的中殿，一个

① 达戈贝尔特，法国国王。——译者注

② 马刺，一种较短的尖状物或者带刺的轮，连在骑马者的靴后跟上，用来刺激马快跑。——译者注

左图 1317 年修道士伊夫（Yves）所绘的《圣丹尼斯阁下的生活》（*La Vie de Monseigneur Saint - Danis*）的部分。画面上方，圣丹尼斯正授权圣安东尼（Saint Antonin）写他的生活传奇，而在画面下方的大桥上则正展示着圣丹尼斯每一天的生活：一辆战车缓缓经过，一个行人坐在满载货物的船上到了一家商店，中间的人们正在品尝和买卖沿着塞纳河售卖的葡萄酒。

唱诗班的小礼拜堂，一个双回廊构成。它是很多艺术大家的杰作，例如，让·德·谢耶（Jean de Chelles）建造了其中的袖廊和唱诗班小礼拜堂，皮埃尔·德·蒙特勒伊（Pierre de Montreuil）设计了玫瑰窗以及雕像塑，让·勒·布特里耶（Jean Le Bouteillier）则雕刻了（教堂中十字架屏饰上部的）祭廊以及石屏。然而，在 17 世纪和 18 世纪，这个哥特式艺术精品的和谐被打破，其结构在法国大革命期间被全部摧毁。

1845—1864 年间，维欧勒·勒·杜克（Eugène Viollet-le-Duc）领导了一项巨大的重建（巴黎圣母院）工程，恢复了尖顶、三角墙、小尖塔，以及西面和南面外墙的雕像。现在每天大约有 3 万名游客以及朝圣者前往巴黎圣母院，欣赏其延伸的小礼拜堂，还有著名的飞拱、门口的雕像、唱诗班、拱顶、大风琴、绘画、彩窗以及珠宝。

下页左图 巴黎圣母院内景图，1789 年由让 - 弗朗索瓦 · 德斯普莱辛 (Jean - François Desplechin) 绘制。巴黎圣母院完工于 14 世纪，中殿的拱顶天花板镶嵌着由 76 幅图构成的组画《伟大的五月们》（*les Grand Mays*）。这些图画是由商会成员在 1707 年献给天主教堂的，然而这项杰出的收集过程于 1707 年终止。

下页右图 巴黎圣母院西外墙，12—14 世纪建于西岱岛。

下图 一张精美的唱片，唱片上绘制了商人们在中央市场卖鱼的情景，唱片上的画来自 1680 年一位不知名的画家所作的水粉画。

菲利普·奥古斯都的影响

为了公众健康，菲利普·奥古斯都[①]（1180—1223）在泥浆中建造了巴黎主要的通衢，关闭了无辜者公墓（Cemetery of the Innocents）[②]。1190 年，菲利普二世下令巴黎应该有一条 6—8 米高的城墙保护，城墙上是可以通行的廊道，两侧则设计安放弩手的箭塔。这个石墙后来被称作菲利普·奥古斯都的城墙，城墙上

右图 菲利普·奥古斯都的罗浮宫地牢和护城河的遗迹，现位于罗浮宫广场地下室。

① 菲利普·奥古斯都（菲利普二世），法国卡佩王朝最强大的君主之一。——译者注

② 无辜者公墓（Cemetery of the Innocents），用于埋葬受大瘟疫感染的死难者的尸骸。——译者注

有通往最繁忙街道的 12 个大门。这个防卫建筑的右岸部分建于 1190—1209 年，左岸建于 1200—1215 年。

1204 年，在塞纳河附近西面的一个小镇上，菲利普二世建造了一个方形城堡，这就是罗浮宫的前身。他把珍宝和档案都藏于这个 30 米高的城堡主楼，这个主楼名为大塔。主楼的基座建筑在 1983 年罗浮宫广场的庭院被挖掘时得以发现。

下页图 菲利普 · 奥古斯都城墙遗迹，现位于巴黎四区圣保罗花园路 5—21 号，这个 120 米长、6—7 米高的城墙的护墙已被毁坏，有护墙这段城墙就有 8—9 米高。城墙后面可以看到圣保罗路易教堂（Church of Saint - Paul - Saint - Louise）的小礼拜堂。

上图 好王菲利普[①] 及其家族画像，1313 年的书籍《卡里拉瓦 · 迪姆那》（*Kalima va dimna*）[②]（雷蒙德 · 德 · 贝齐尔翻译）的一页。菲利普三世位于画面正中央，他两边分别是下一任国王路易十世（Louis Ⅹ）（头戴王冠）以及英王爱德华二世的妻子伊莎贝拉（Isabelle）。后任国王查理四世（Charles Ⅳ）和菲利普五世（Philippe Ⅴ）也在图中。

---

① 即菲利普三世。——译者注

② 《卡里拉瓦 · 迪姆那》起源是一本印度古代的故事书《五卷书》（*Panchatantra*）。后被翻译成阿拉伯语，改名为《卡里拉瓦 · 迪姆那》，然后被翻译成多种语言，被用作学校教材，传播很广。——译者注

圣莎贝拉

圣路易获得了耶稣受难图的残余部分，他想把它展示在特殊的纪念地中（因而得建），圣莎贝拉很可能是建筑师皮埃尔·德·蒙特勒伊的作品。这个43米高的建筑非常显眼，它上方有一个小礼拜堂，原先用于存放遗迹，14扇石柱支撑的彩窗保证了其照明问题，石柱上精心雕刻了蓟树、橡树、无花果树和冬青树等各种各样的叶子、鲜花、飞鸟和人。这个礼拜堂因其代表了源自《圣经·旧约》和《圣经·新约》的诸多议题而出名，还有就是使其内部充满蓝红各种颜色的光的精美彩窗。

上页图《巴里公爵的余裕满满》（*Très Riches Heures du duc de Berry*）[①]，1416年6月里一页的插图，由著名的插图画家林堡三兄弟（Limbourg brothers）所画。画面中是西岱宫殿以及圣莎贝拉。那时花园和建筑共占地110米×135米，四周有围墙。

左图 由劳伦特·德·佩米菲（Laurent de Premierfait）翻译薄伽丘（Boccaccio）的作品《名人鉴证》（*De Casibus Virorum Illustrium*）里圣殿骑士的行刑图。传说在雅克·德·莫莱受刑时他曾诅咒国王："你们家族直到第十三代将一直被诅咒！"菲利普三世就死于当年，也就是在教皇克莱蒙五世死后几个月。

---

① 《巴里公爵的余裕满满》（*Très Riches Heures du duc de Berry*），法国最典型的哥特绘画手稿。1416年阳历6月著名的插图画家林堡三兄弟所画。——译者注

上页图 5岁的路易十五（Louis XV）在议会大厅里，被宣告成为国王。这被丹尼斯·马丁·勒·热那（Denis Martin le Jeune）在1715年以水粉画绘制下来。在这幅画里，可以看到正中央的圣莎贝拉，其左边是审计院，右边是圣米歇尔小礼拜堂。

沿着整个城墙，除了小区外，还建起了圣维克多（Saint-Victor）、圣马塞尔、圣马丁香榭等各种修道院，占地面积253公顷（625英亩），这些一起构成了一个城市发展的新格局。内城被分成三个部分，右岸称为“新城区”，左岸称为“大学区”，西岱岛称为“老城区”，然后这三个部分又继续被分为33个区。一直到13世纪末，大约有8万居民在这一带居住。

在左岸，由教堂提供的教学活动占据了主流。这种活动始于12世纪初巴黎圣母院牧师学校，在圣吉纳维夫以及圣维克多修道院牧师们的支持下得以如火如荼地开展，这些牧师在马棚或者莫贝广场（Place Mauebert）的露天空地上上课。1200年，菲利普二世授予这些大学特殊的司法权，使其成为教皇控制下的自治机构。它声名远播，吸引了来自英国、德国、瑞士、诺曼底和皮卡第（Picardy，法国北部旧省）的学生们。他们来这里学习艺术、法律、医药和神学，住在一些学院，最著名的如1257年由罗贝尔·德·索邦（Robert de Sorbon）建造的索邦神学院（Sorbon）。学生们都说拉丁语，这导致后来在命名时吉纳维夫山附近这一块被命名为“拉丁区”。

13世纪初，歌德俄会（Cordeliers）、奥斯定会（Austinians）、雅各宾会（Jacobins）、加尔默罗会（Carmelites）、多明我会（Doninicans）和加尔都西会（Carthusians），这些托钵修会（mendicant orders）[①]在巴黎开始出现，修道士们提供住宿和教学之地，还有宽敞的土

---

① 托钵修会（mendicant orders）天主教修会的一类。又称乞食修会。始于13世纪。由圣多明我和圣方济各创立。此类修会规定会士必须家贫、不置恒产，以托钵乞食为生。他们云游四方，活动在社会各个阶层。——译者注

地和教堂，所以他们控制了大多数财产。据守在 6 公顷大的防御基地的圣殿骑士团也在财政方面颇有特权。

路易九世（Louis IX，1214—1270）在位期间，西岱岛的宫殿得以扩建，他建造了国立宝库（Treasury of Charters）以存放档案。还有 1248 年建成的圣莎贝拉（Saint-Chabelle）——哥特艺术的宝石。1299 年，菲利普四世（Philippe IV 公正王，1296—1313）重建了宫殿，以迁入政府机构和行政官员，他还建起了巴黎古监狱（Conciergerie）①。门房是管家的一种，他不仅负责宫殿的补给进出，还执行正义，可以将人逮捕入塔内监狱。地牢看守的办公之地就在守卫的哨所内。1312 年建成的武装士兵大厅（The Hall of the Men-at-Arms）是 3000 名卫士以及宫殿官员的餐厅。巴黎议会——第一个王国高级法院则在大厅（the Great Hall）里开会。

像圣殿骑士团这样的免除赋税仅受教皇克莱蒙五世（Pope Clement V）统领的武装力量，是"公正王"菲利普四世加强中央集权的一大阻碍。1306 年，菲利普四世下令圣殿骑士团与耶路撒冷圣约翰骑士团（Saint John of Jerusalem）合并，然而，圣殿骑士团的主席雅克·德·莫莱（Jacques de Molay）拒绝接受这一旨意，于是圣殿骑士团在 1307 年被全部逮捕，财产充公。1314 年，一场不公平的审判后，50 名圣殿骑士被作为异端并执行残忍的火刑。

① Conciergerie, 字面意思是门房。——译者注

LVTETIA

博朗（Braun）的1530年巴黎地图（可追溯到1572年），右岸被查理五世（Charles V）的防护墙包围。仍然可以看出菲利普·奥古斯都（Philippe Auguste）由建筑环卫的防护墙的痕迹。这个防护墙一直保护着巴黎左岸，并在15世纪得以加固。

中世纪

右图 位于现巴黎二区艾蒂安·马塞尔路20号的让·桑·保赫塔（Tower of Jean sans Peur）的拱顶。这座塔建于1409—1411年，是勃艮第公爵（Duke of Burgundy）的让·桑·保赫王宫（Hôtel de Jean sans Peur）的唯一遗迹，天花板由各色精美的橡树、啤酒花、山楂树的枝叶形状的雕刻所装饰。

1337—1453年，英国和法国为争夺法兰西王国的控制权而进行了百年战争。在普瓦捷(Poitiers)① 战役失败后，约翰二世②（Jean II，1319—1364，被称为“好人约翰”）成为英国人的俘虏并被监禁于英格兰长达三年。在此期间，法国由他的儿子多芬 (Dauphin)，即后来的查尔斯五世（Charles V，1338—1380）摄政。

饥荒和瘟疫使得民不聊生，源于黑海的大瘟疫，又称作黑死病，通过水上商路传至普罗旺斯（Provence）。1348年，这场瘟疫传至巴黎，造成了难以计数的生命逝去。

1357年，在1355—1358年统治着巴黎的商人领袖和地方最高长官——艾蒂安·马塞尔 (Étienne Marcel) 买下了格赫夫宫（现巴黎市政厅广场 Place de l’Hôtel de Ville）的柱房 (Maison aux

---

① 位于巴黎西南，是法国一座古老的城市。——译者注

② 在普瓦捷战役失败后被黑太子爱德华俘虏押回英格兰，在把儿子安茹公爵路易一世留下做人质后约翰二世回国去筹赎金，不料这个儿子逃跑了，约翰二世严格遵守了骑士制度的信条，他自愿返回英国做人质，数月后死去，因为这个缘故他被称作“好人”(Jean le Bon)。——译者注

Piliers)，使柱房这一原来巴黎的经济中心也成了巴黎的行政中心。从此之后，行政权力就牢牢地在这一带扎根了。

1358 年，马塞尔和巴黎的中产阶级企图控制国王。1358 年 2 月，马塞尔和暴徒们攻下了巴黎古监狱，查理五世的两位重臣尚帕涅（Champagne）元帅约翰·德·孔夫兰（Jean de Conflans）和诺曼底元帅罗伯特·德·克莱蒙（Robert de Clermont）在暴动中被杀。

这场起义迫使查理五世离开王宫。他 1361 年在塞纳河右岸新建了一个王家宫殿：圣波尔宫（Hôtel Saint-Pol），现位于巴黎四区圣保罗路附近，是由贵族的住所和教会宫殿合并而成。

查理五世是个伟大的建造者。1364 年，他委托建筑师雷蒙

左图 1358 年查理五世的支持者在巴士底大道 8—11 号（8—11，rue de la Bastille）圣安东尼大门对艾蒂安·马塞尔（Etienne Marcel）的刺杀，摘自约翰·弗鲁瓦萨尔（Jean Froissart）绘制的《历代志》(*Chronicles*)[①] 插画。圣安东尼大门是巴黎东边的唯一出口，毗邻巴士底堡。

① 《圣经·旧约》中的一篇。——译者注

右图 十月，《巴里公爵的余裕满满》，1411—1415 年里一页插图，由林堡三兄弟所画，塞纳河后面是罗浮宫的高墙。

德·杜·唐普勒（Raymond du Temple）对罗浮宫进行翻修，雷蒙德把罗浮宫变成了有着一个大花园的怡人居所。由于英国人的威胁，首都的安全变得至关重要，菲利普二世建造的守护墙已被缩减，并被居民区所包围，已不足以保护巴黎。而且，这城墙也无法抵御（更先进的武器）火炮的炮火。1356—1358 年，马塞尔急切地在巴黎挖掘了沟渠，以巩固防卫。查理五世继续了这项工作，并在 1365 年在右岸建了一座新的防护墙，这个防护墙直到 1420 年查理六世任上才竣工。而在左岸，查理五世挖掘沟渠，以加强原先菲利普二世防护墙的防卫功能。

查理五世的防护墙，几乎沿着现在盛大大道（Grands Boulevards）的轨迹，有六个大门，同时还有被称作巴士太或者巴士底的城堡以加强其防御能力。巴黎市长乌格斯·欧比奥特（Hugues Aubriot）开始了巴士底圣安东尼（Bastille Saint-Antonie），即巴士底城堡的建造。后来这个城堡和巴士底狱一样出名，它位于圣安东尼路（rue Saint-Antonie）西段尽头，用以保卫圣波尔宫。

这是查理六世（Charles VI）最爱的市政厅，查理六世1392年后饱受精神病的折磨。1393年1月28日，在这个市政厅举行了查理六世和巴伐利亚的伊萨博（Isabeau of Bavaria）的婚礼。五位领主身着野人穿着以庆贺这场盛世，然而一根火炬意外地点燃了一位领主的衣服，于是这五位领主被火焰团团包围。巴里公爵的夫人用她长裙摆覆盖了国王，救下了查理六世。这个悲剧后来被称为“烧人的舞会”。1422年查理六世逝世后，罗浮宫不再作为王家寝宫，而被作为监狱和军械库。

上图 圣塞文教堂（Church of Saint-Séverin）的一个走廊，现位于巴黎五区比德斯·圣塞文路1号（1 rue des Prêtres Saint-Séverin）。教堂的两条走廊被多缕纹路的结构支撑，在天花板汇聚成星星形状的石纹。

1429年3月6日，孚日山（Vosges）[①]栋雷米村（Domrémy）的农民之女圣女贞德（John of Arc，1412—1431）前去面见国王查理七世时，法国又被卷入战争，查理七世逃亡希农（Chinon）。查理七世授予圣女贞德一支军队，贞德成功地在1429年4月29日收复奥尔良（Orléans）。1429年9月8日，决定进攻巴黎后，贞德在现巴黎一区圣多诺街161—167号（161—167 rue Saint-Honoré in the 1st arrondisement）的圣多诺门（Porte Saint-Honoré）被打败并负伤。法国人在1436年才从英格兰人手中收复巴黎，1437年11月12日，查理七世庄严地进驻巴黎。

15世纪下半叶，巴黎渐渐地又成为一个安全的城市，国王查理八世、路易七世更喜欢住在洛尔河河岸，然而议会和审计院（财政法庭）仍在巴黎。王子和高级教士们建造了华丽哥特风格的房屋，比如勃艮第公爵的住所，由建筑师皮埃尔·德·艾布登（Pierre de Hebuterne）为无畏者（Jean the Fearless，1404—1419年勃艮第公爵）所设计。然而，如今在巴黎二区的艾蒂安·马塞尔路20号（20 rue Étienne-Marcel in the 2nd arrondissement）却只剩下一座塔了。在拉丁区，雅克·德·安博瓦兹（Jacque de Amboise），1485—1510年克吕尼修道院院长在巴黎五区保罗班乐卫广场6号（6th Place Paul-Painlevé in the 5th arrondissement）古温泉浴室旁建起了克吕尼宫（Hôtel de Cluny）。在玛黑区，特里斯坦·德·桑拉赞（Tristan de Salazar），桑斯（Sens）大主教，同时也是巴黎主教，1498—1507年，在巴黎四区菲吉耶路1号（1 rue du Figuier in the 4th arromdissment）为桑斯的大主教们建造了桑斯王宫（Hôtel de Sens）。圣塞文教堂的建造，其他的教堂也一一被重建。至此，华丽的哥特风格的发展达到巅峰。

① 法国东北部山脉。——译者注

阿基勒·白罗（Achille Poirot，1797—1852）画的1850年的克吕尼宫。政府1843年将克吕尼宫用于储藏中世纪和文艺复兴时期亚历山大·迪·索默拉尔（Alexandre du Sommerard）的珍藏品，克吕尼宫后来变成了中世纪国家博物馆（巴黎五区保罗班乐卫广场6号），古温泉浴室被包含在内。

上图 雅克 · 里戈（Jacques Riguard）所绘制的 17 世纪的巴士底堡圣安东尼大门以及部分城郊图，巴士底堡才 24 米高，包含了八座塔楼，在亨利二世统治时期更加强了防卫。

16 世纪的发展

右图 国王弗朗索瓦一世（1530—1535）的画像，来自克莱夫（Joos van Clève，1485—1540）的画室。

在文艺复兴时期，巴黎是个繁荣的都市。巴黎的发展与国王弗朗索瓦一世（François I）和亨利二世（Henry II）密不可分：1528 年，国王弗朗索瓦一世（1494—1547）决定定居罗浮宫，他将罗浮宫原城堡主楼夷为平地，然后将王宫的翻修工程委托给皮埃尔·莱斯科 (Pierre Lescot)。皮埃尔·莱斯科在亨利二世在位时，终于完成了罗浮宫中莱斯科翼(Lescot Wing)这个文艺复兴时期的杰作。

在意大利战争期间，弗朗索瓦一世游历意大利。他很喜欢意大利的一些城市，于是在 1533 年，他认为巴黎应仿照这些城市，建造一个恢宏的市政厅，以替代原来的快要坍塌的老宫殿。这项工程由一位意大利建筑师多米尼克·德·科尔托纳（Dominnique de Cortone）承接。然而由于宗教战争，这项工程被迫中断，后来由马兰·德莱·瓦利（Marin de la Valée) 接手继续建造，然后是皮埃尔· 尚毕哥（Pierre Chambiges）、克劳德·吉力安（Claude Guillain）以及克劳德·维勒夫（Claude Vellefeux），一直到 1628 年才完成。

王家和私人的土地都被划分成块状后，巴黎变得更加人口密集。弗朗索瓦一世为了筹措钱财以四方征战、建设城堡，维持奢侈的宫廷生活以及他慷慨的赏赐等，在 1543 年卖掉了无人居住的王家地产，如坦卡维椰（Tancarville）以及佛兰德斯伯爵们（Counts of Flanders）的房屋。

自从查尔斯七世后就废弃的圣波尔宫，在 1544 年根据新规

下图 现位于巴黎三区塞维涅路 23 号（23 rue de Sevigne）的卡纳瓦雷官邸（Hotel Carnavalet）的庭院。该官邸是为 1548—1560 年巴黎议会主席雅克·德·林涅希（Jacques des Ligneris）所建造。自 1880 年起，为纪念巴黎历史，被献于卡纳瓦雷博物馆（Musee Carnavalet）。

划的道路，被划分成了很多的方块。划分圣波尔宫的这些道路包括连接圣波尔宫的兽场的查理五世大道以及莱昂斯圣保罗大道（Lions-Saint-Paul），让人想起镇上花园里樱桃树的樱桃路（rue de la Cerisaie），还有让人想起 1555 年建起的博特莱维花园的博特莱维路（rue Beautreillis）。

玛黑区（the Marais quarter）对贵族有着极大的吸引力，这从圣卡特琳园地（Culture Sainte-Catherine）的土地的成功划分和出售中可见端倪。位于四区圣卡特琳广场的圣卡特琳杜瓦尔学生修道院（Sainte-Catherine du Val des Ecoliers Priory）的成员在发现自己财务困难后，将他们的耕地划分成了合适的建筑区域，并在 1545 年将其出售。在这些区域中，由王家公园路（rue du Parc Royal）和帕维路（rue Pavée）划分出的七所房屋幸免于难，得以保存。它们是卡纳瓦雷官邸（现在卡纳瓦雷博物馆），德农官邸（Hôtel de Denon）（现在的哥纳克 – 珍博物馆（Musée Cognacq-Jay），马赫勒官邸（Hôtel de Marle，现在的瑞典文化中心），以及萨乌和尼（Savourny）、贾迪农（Châtillon）阿伯赫特（Albret）等官邸。

1553 年，弗朗索瓦一世的儿子亨利二世（1519—1559）发展了查尔斯五世所建的城墙，为同步火枪的发展，他增加了很多堡垒。1550 年，亨利二世开始雷阿尔中央市场（Les Halles market）的现代化改建工程，这项工作持续到 1560 年。1559 年，在他的女儿法兰西的伊丽莎白与西班牙的菲利普二世国王，以及他的妹妹玛格丽特 · 瓦卢瓦（Marguerite de Valois）与伊曼纽尔 · 菲利伯特（Emmanuel-Philibert）这两个联姻的保障下，亨利二世和西班牙签署了一项和平条约。在（妹妹的）婚礼庆典上，亨利二世与苏格兰卫队长——蒙哥马利的加布里埃尔（Cabriel de Montgomery）进行了一场马上长矛的比试，结果意外受伤。他立刻被送至三区和四区的孚日广场上的王家行宫杜尔纳尔宫（Hôtel des Tournelles），可他还是在当年 7 月 10 日驾崩于该行宫。

他的遗孀凯瑟琳·德·美第奇(Catherine de'Médicis)难忍悲痛。1564年，她决定将这座充斥着悲伤回忆的行宫夷为平地，并在罗浮宫附近建起了杜乐丽广场（Tuileries Palace）。她将这项工程交付给建筑师菲利贝尔·德洛姆（Philibert de l'Orme），在1570年菲利贝尔去世之后，又委托给了让·布兰（Jean Bullant）。凯瑟琳·德·美第奇和亨利二世的三个儿子——弗朗索瓦二世（François II，1544—1560）、查理九世（Charles IX，1550—1574）和亨利三世（Henry III，1574—1589）——都先后登上了法国王位。弗朗索瓦二世在15岁时登基，在他短暂的在位期间，以及之后年仅十岁就继承哥哥王位的查理九世在位初期，均由凯瑟琳·德·美第奇摄政。

在这段动荡时期，宗教战争频繁爆发。在1572年8月18日，玛格丽特·德·瓦卢瓦（Marguerite de Valois，查理九世的妹妹）[①]与新教徒的首领纳瓦尔国王亨利（King Henri de Navarre，即后来的亨利四世），在巴黎圣母院成婚。很多新教徒前来巴黎参加庆典，凯瑟琳王太后成功说服法国国王查理九世趁机除掉新教首领们。在1572年8月24日到8月29日，数以千计的胡格诺派（Admiral de Coligny）[②]新教徒被屠杀，家园被洗劫，史称“圣巴托洛缪大屠杀”。

两年之后，亨利三世加冕称帝。1588年，亨利三世颁布了一项法令，规定巴黎的十六个区应以该区的主要教堂的名字命名，如巴黎圣母院区、坦普尔区[③]。1589年，亨利三世在圣克卢（Saint-Cloud）被一名多明我会修士雅克·克列孟（Jacques Clément）刺杀身亡，他在去世前，任命纳瓦尔国王亨利作为继承人。

---

① 即著名的玛尔戈王后，她的三位哥哥是法国瓦卢瓦王朝最后的国王，她的前夫是波旁王朝的开创者，亨利四世，即著名的“贤明王亨利”。——译者注

② 胡格诺派，16—17世纪法国新教徒形成的一个派别，受到1530年代约翰·加尔文思想的影响，在政治上反对君主专制。——译者注

③ 三区别名，根据三区的圣殿教堂，即Temple，音译而来。——译者注

1581 年 9 月 24 日，亨利三世的宠臣安里公爵（Anne de Batarnay，Duke of Joyeuse）与苏沃代蒙 · 洛林的玛格丽特（Marguerite de Vaudémont-Lorraine）婚礼上的舞会。在这个 16 世纪末的匿名画作上，这对新人正在罗浮宫莱斯科翼的一间房间里跳舞。画的左方，亨利三世和母亲凯瑟琳 · 德 · 美第奇坐在王座上。

节日中的格列夫广场（The Place de Grève）以及市政厅（Hôtel de Ville），出自弗兰德斯画派 (Flemish School)[①]。市政厅建成于 17 世纪，直到路易－菲利普（Louis-Philipe）在位期间宫殿扩建之前，市政厅周围一直被中世纪的房屋所围绕。这座市政厅在1870 年巴黎公社（The Commune）时被毁。

① 弗兰德斯画派以复杂的宗教场景记录画和人物肖像为主，发展了绘画的自然表现力与错觉艺术手法。——译者注

1822 年，约翰 · 詹姆斯－沙龙（John—James Chalon）所画的无辜者市场和喷泉（Market and Fountain of the Innocents）。无辜者喷泉是在 1549 年 7 月由皮埃尔 · 莱斯科[①]（1515—1578）和让 · 古戎（Jean Goujon，1510—1565）为纪念亨利二世进入巴黎而建立起来的，最初位于圣丹尼斯路和伯杰街路（rue Berger）的交会处。在 18 世纪被搬至无辜者广场，并被改建成了四方形。其第四面有奥古斯丁 · 帕由（Augustin Pajou，1730—1809）雕刻的浮雕。1858 年，这个喷泉被移到一区的约阿希姆 · 杜 · 贝莱广场（Place Joachim du Bellay）。

① 上文出现过，承接罗浮宫翻修工程的建筑师。——译者注

16 世纪描绘圣巴托洛缪大屠杀的伊夫雕刻。这场大屠杀开始于 1572 年 8 月 24 日，就是圣巴托洛缪日，一直持续到 8 月 29 日。

10
2
1

亨利四世

亨利·德·波旁（Henry de Bourbon），旺多姆公爵安东尼·德·波旁（Antoine de Bourbon，Duke of Vendome）与纳瓦拉女王安娜三世（Jeanne d'Albret，Queen of Navarre）的儿子，自出生起就是弗朗索瓦一世的侄孙。而且，他通过与亨利三世的妹妹玛格丽特·德·瓦卢瓦的联姻，成了亨利三世的妹婿，亨利三世在1589年去世，并没有留下继承人。根据萨利克继承法[①]，纳瓦拉的亨利（亨利四世又被称为纳瓦拉的亨利）成为法国王室的法定继承人。然而，天主教徒们无法容忍一个新教徒的国王，于是他们拒绝承认亨利四世的继承资格并企图造反，亨利四世尝试以武力夺回王国，结果是宗教战争演变成了内乱。1590年，亨利四世包围巴黎但并没有成功攻下巴黎。1593年2月27日，他在圣丹尼斯方形会堂里再次宣誓他的加尔文主义信仰[②]后，在巴黎圣母院加冕称王，开始被称为亨利四世。1594年3月22日，他终于攻入巴黎，在长达30年的战乱后，恢复了巴黎的和平。1598年，亨利四世颁布南特赦令（Edict of Nantes），允许新教信仰被推广和践行。在结束了第一段婚姻后，他在1601年与托斯卡纳大公（Grand Duke of

① 萨利克继承法，源自法兰克人萨利克部族通行的各种习惯法，被国王克罗维一世采纳，成为后来西欧相当通行的一种继承法。法国王室当属贯彻萨利克继承法的标兵。萨利克继承法的核心规则就是传男不传女。其最常见的形式为长子继承，如果碰上了没有儿子或者儿子全部死亡的情况，则由近及远，让其他男性亲属继承。——译者注

② 加尔文主义，法国著名宗教改革家、神学家约翰·加尔文的许多主张的统称，主要特点是选举长老监督教务，由牧师和不受神职的长老集体管理教会，认为任何人都不得享有无限权力，并且认为教会人士可以参加政治活动，促世俗更加接近上帝的旨意。新教受加尔文主义的影响。——译者注

左图 由彼得·波尔·卢本斯（Peter Paul Rubens）为卢森堡宫所绘组画《玛丽·德·美第奇的生活》的一部分，画中描绘了1610年3月20日，即将亲征对德国的战争的亨利四世将国事交给妻子的场景。

Tuscany）的女儿玛丽·德·美第奇（Marie de' Medici）结婚。

亨利四世重建了巴黎的经济秩序，支持艺术和工业，1607年，他建起了圣路易医院，透露了他在建筑方面的热情。1595年，他构思了“大罗浮宫计划”，并见证了这个计划第一阶段的完成：用475米长的“大画廊”(Grande Galerie) 将罗浮宫与杜勒丽王宫[①]连接起来，这个大画廊由雅克二世·安德鲁埃·迪塞尔索（Jacques II Androuet du Cerceau）和路易·梅塞佐（Louis Métezeau）所建造。

亨利四世对纺织工业一直有浓厚的兴趣。1601年，他下令将生产“佛兰德斯风格”（Flanders Style）[②]挂毯的垄断权力授予两个开着一家手工作坊的佛兰德手工艺者——这就是哥白林手工艺

① 杜勒丽王宫毁于1871年的一场火灾，现在罗浮宫前方仅保留杜勒丽花园。——译者注

② 具有贵族气息的、富丽堂皇的装饰风格。佛兰德是在古代的尼德兰地区，现在的比利时、卢森堡和法国东北部地区。佛兰德美术在15—18世纪对西方的美术发展产生了很深远的影响。——译者注

上图 17 世纪末让 · 玛丽埃特（Jean Mariette）的蚀刻版画，画中是坐落于蒙马特和圣洛朗（Saint - Laurent）的圣路易医院（The Hospital of Saint - Louis）。

上图 17 世纪法国学院派的绘画，画中描述 1666 年从太子广场（Place Dauphine）、四国学院（Collège des Quatre-Nations）和罗浮宫入口处看到的新桥（Pont-Neuf）。由让·布洛涅（Jean Boulogne）所作的亨利四世骑马雕像竖立在桥的正中间，背景是面朝城市西方的罗浮宫码头。这是第一个树立在公共场合的王家雕像。

者的源起。由于他还想要发展丝绸行业，他种植桑树，并邀请米兰的技术工人来到他在原来杜尔纳尔宫所在位置新建的作坊传授纺织工艺。1605 年，他的大臣叙利公爵马克西・米兰为将该址转为一个居住的广场而将其关闭，即现在的孚日广场。

这个广场由 34 栋主要的砖块和石头材料建造的阁楼包围起来，（阁楼底部的）拱廊对面是很多商店。其中国王阁和王后阁（下方的拱门）形成了连接王家广场（Place Royale）的两个主要入口。在王家广场曾举办过路易十三和（西班牙公主）奥地利的安妮的婚礼，以及法兰西的伊丽莎白与后来西班牙国王菲利普四世的两对新人集体婚礼。1612 年 4 月 5 日到 7 日期间，婚礼庆典热闹非凡，举办了阅兵、携圈赛跑、祝歌、演出、烟花还有酒会等各种活动。

在西岱岛上，亨利四世想到了一个宏大的城市计划：1607 年，他建成了“新桥”（由亨利三世发起）以及太子广场。238 米长、20 米宽的新桥是第一座横跨塞纳河而桥上没有建房的石桥。381 个装饰着怪物头像的檐口坐落在它的 12 个石拱之上。这 12 个石拱架在半月形的柱子上。这些长满胡须的萨提（Satyr）[①]，头戴贝壳王冠和葡萄串，出自日耳曼・皮仑（Germain Pilon），并在 19 世纪被重新创造。

巴黎新桥可以通车，并且有别于传统桥梁，桥上并不建造房屋，这两个特点注定了其结构的革命性突破，建成后这座新桥非常受欢迎。桥上的人行道上建起了货摊，卖起了蜜饯或书本。沿街叫卖的小贩，擦鞋油的工人，家犬理发师等人租起了遮阳伞，和 1624 年竖立起来的亨利四世的雕像一起共享空间。卖花卉、橙子以及卖椰子的女孩儿加入了叫卖的队伍，招徕行人。

为了更好地利用西岱岛人工挖掘出来的三角区域，亨利四世规划了孚日广场，一个用于商业用途的封闭广场。1608—1616 年，石匠大师小弗朗索瓦（François Petit）建了 44 座房子，每一所都是

---

① 希腊神话中森林之神，具部分人身和部分马、羊身，好女色。——译者注

上图 巴黎古监狱的一间狱室的记录本，记录了弗朗索瓦·拉瓦亚克（François Ravaillac）1610 年 5 月 16 日进入这个监狱，以及他受到的刑罚综述。

三层，加上一个门面店铺。砖石表面和板岩屋顶，再辅以两个在桥入口的阁楼，营造出了一个色彩丰富而均衡的整体效果。为吸引左岸的人，也就是菲利普·奥古斯丁外墙里面的人，一条 10 米宽的太子路（rue Dauphine）被建起，打断了新桥的延续，这个宽度在当时已经非常宽了。

1610 年 5 月 14 日，在王后加冕礼的后一天，亨利四世出发前往叙利公爵的住所阿森纳。尽管他成功地躲过了 15 次刺杀，这一次他没有躲过弗朗索瓦·拉瓦亚克刺进他胸膛的匕首。历史学家到现在也无法弄清这场刺杀到底是（宗教）狂热分子的个人行为，还是外国势力操纵的阴谋。

亚伯拉罕·博斯（Abraham Bosse）的一幅版画《冬天》（*Winter*），17 世纪初，东边的卧室是一套公寓里最好的房间，在这个充满挂毯的房间中，一群朋友聚在壁炉前烤火取暖、烤馅饼，描绘的是忏悔节 (Shrove Tuesday)① 星期二的场景。

① 忏悔节星期二，基督教节日，即忏悔节的最后一天，大斋首日的前一天。——译者注

1610 年 5 月 14 日亨利四世被拉瓦亚克①刺杀的场景。亨利四世在马车中被刺，当时他的马车行至巴黎一区的费罗内里路（rue de la Ferronnerie）被堵在了路中间。

① 弗朗索瓦·拉瓦亚克，狂热的天主教徒，因为西班牙身为天主教的领头势力，在天主教世界拥有崇高的威望，为阻止国王挑起对西班牙的战争，毅然刺杀了曾为“异端”的亨利四世。——译者注

大世纪

1610年，亨利四世被刺身亡后，路易十三（Louis XIII）继承了父亲的王位。由于他当时年仅9岁，议会同意由王太后玛丽·德·美第奇摄政。玛丽王太后的统治受到一位佛罗伦萨冒险家康西诺·孔奇尼（Concino Concini ）的影响。玛丽王太后在1615年买下了卢森堡公爵的地产，并委托建筑师萨洛蒙·德·布罗斯（Salomon de Brosse）将原结构扩建为一个宫殿。然而，直到1631年玛丽王太后最后被驱逐，这项工程仍没有结束，所以玛丽王太后从未住过这个宏伟的宫殿，这个宫殿也保留了卢森堡这个名字。

卢森堡宫的结构像一座城堡：入口处的塔楼有一个圆形穹顶，入口朝向通往主体建筑的荣耀大堂（court of honour），建筑师萨洛蒙·德·布罗斯仿照玛丽王太后有很多快乐回忆的佛罗伦萨皮迪宫 (Pitti Palace)，在卢森堡宫也结合了经典的法式布局和带有乡村风格的墙面浮雕涂饰。王宫内部装饰以一系列由佛罗伦萨艺术家彼得·波尔·鲁本斯所绘制的，描述她掌权期间大事件的画作，花园则由雅克·波易索（Jacques Boyceau）设计，以锦簇的花坛和丰富的水景设计为特征，风格正式。1799年，尽管当年的美第奇喷泉仍得以完好保存，卢森堡公园仍旧成为公众公园。

下页图 **一个原来在科尔贝特·德·维拉塞夫(Colbert de Villacerf)的小陈列式的油画房间，在卡纳瓦雷博物馆被重建。这个作品出自1650年，木制品周围的镶边奇形怪状，色彩丰富而又优雅，显然是受了文艺复兴的风格影响。**

路易十三在14岁时就达到了法定婚龄。1615年，他和西班牙

卢森堡宫，出自18世纪雅克·夏洛尔（Jacques Chéreau）画室的一幅蚀刻画。自1801年起就成为参议院所在地。宫殿入口在六区的沃日拉尔路（rue de Vaugirard）15号。

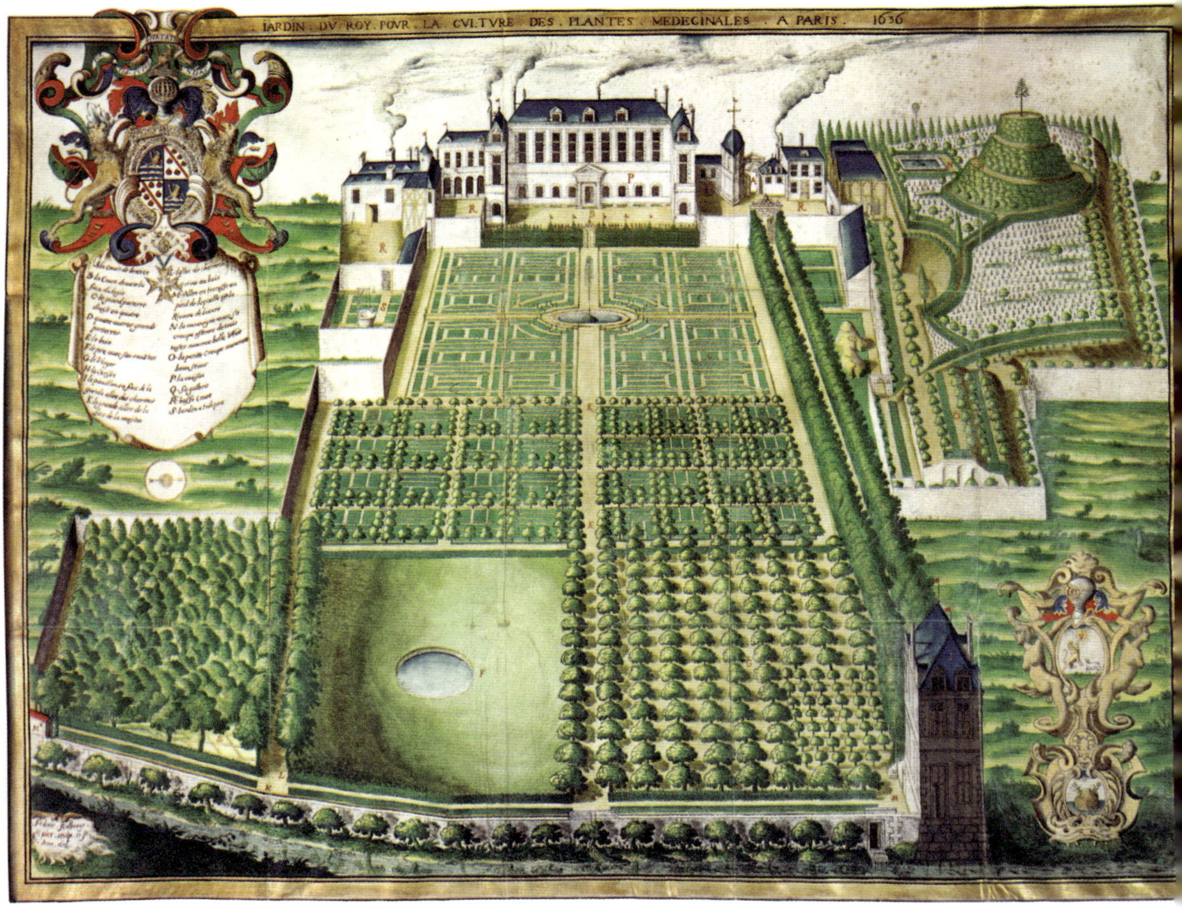

上图 为培育医学植物所建的国王花园，1636年弗雷德里克·斯加尔伯格（Frederic Scal-berge）所绘制的水粉画。自然历史博物馆（五区居维叶路57号，57 rue Cuvier）就建在国王花园周围。

公主“来自奥地利的安妮”成婚，开始摆脱他母亲的控制。1617年，他将母亲暂时驱逐到了布鲁尔，然后杀了（太后宠臣）孔奇尼。在阿尔芒·让·迪·普莱西，红衣主教黎塞留（Armand-Jean Duplessis，Cardinal de Richelieu，1585—1642）的支持下，路易十三颁布了一系列对社会有着重大影响的法令。例如，他采取了措施来保证对决斗的禁令得到贯彻，贵族从事贸易不被认为是自降身份，称号可以授予平民。在他在任期间，天主教和新教的冲突再一次燃起，甚至包括血腥的身体对抗，最著名的（暴力冲突）于1621年发生在沙朗通（Charenton）的圣殿里。

1635年，巴黎人口大约41万，在巴黎一些地方，聪明的投机者发起了很多成功的项目：1608 年，克劳德·夏洛特（Claude Charlot）在从圣殿骑士团大修会手中买下的土地上修建了一条道路并以自己的名字命名。1614 年，克利斯朵夫·玛丽（Christophe Marie）开始出售圣路易岛（Île Saint-Louis）上的土地。他在岛上建了两座石桥（玛丽桥和杜尔纳尔桥，在岛屿四周建起砖石码头，建起了正交的道路，出售块状土地，以及建造房屋。因为地利，1630 年左右，路易·勒沃 (Louis Le Vau) 在岛上建起了兰伯特（Lambert）、贺赛琳（Hesselin）和赛可托特（Sainctot）官邸，地方法官和金融家们于是将其工作搬上了码头。由路易十三继承的玛戈王后的地产，在 1623 年赐给了金融家们，这刺激了在玛拉凯码头（Quai Malaquais）和伏尔泰码头（Quai Voltaire）上，里耶路（rue de Lille）和韦尔讷伊路（rue de Verneuil）建宏大房屋的潮流。玛拉凯码头和伏尔泰码头最近才开放。

1624 年，路易十三为了建造由雅克·勒梅西尔（Jacques Lemercier）所设计的钟楼（Pavillon de l'Horloge），将罗浮宫里中世纪的部分拆除了，为取悦母亲玛丽王太后，他在塞纳河岸建造了一条三车道，沿途种满榆树的大道，被称为王后大道（Cours la Reine）。1626 年，路易十三在医生让·赫霍德（Jean Héroard）和植物学家盖德拉·布罗斯（Guy de La Brosse）的建议下，建造了国王花园 (Le Jardin du Roi)，以种植医学植物，为医生和药剂师提供有机化学原料。1640 年，国王花园对公众开放，展示了 800 种培育植物以及一个被称为迷宫的人造小山丘，这座小山丘上种满了地中海风味的香草、绿色的橡树、松树、黄杨木、一棵藤枫以及一棵令人印象深刻的黎巴嫩雪松。后来这个公园改名为植物园，1739—1788 年间，在著名学者孔德·德·布丰（Comte de Buffon）的管理下繁盛一时。

教育机构的发展得益于印刷刊物的增长。1631 年，路易十三授予德奥弗拉斯特·和诺多（Théophraste Renaudot）刊发《法兰西报》（*La Gazette de France*）的特权，《法兰西报》成为官方报纸。1635 年，路易十三成立了法兰西学院（Académie française），以促进和维护法语的发展，编撰整合法语字典（*Dictionary of the French Language*）。

红衣主教黎塞留，索邦神学院的校长，在 1626 年将学院原来的废楼改建成了圣于尔叙勒小礼拜堂（Sainte-Ursule Chapel），黎塞留过世后，就葬于此处，弗朗索瓦·吉哈顿（François Girardon）设计了他的坟墓。1635 年，为建成小礼拜堂的顶部，雅克·勒梅西尔（Jacques Lemercier）建造了第一个圆顶，完全由石头构成，辅以高高的窗户和板岩。这个小礼拜堂，很幸运地在 1900 年的扩建运动中保存下来。

为了住得离国王更近，1629 年黎塞留让勒梅西尔建造红衣主教官邸，配有一个花园和一个戏院，1641 年宫殿建成。年轻的路易十四在 1648—1652 年的投石党叛乱（Fronde Rebellion）期间曾在那里避难，结果这个官邸变成了王家宫殿。为建造这个奢侈的宫殿，黎塞留区围绕着圣母得胜堂 (Church of Notre-Dame des Victoires) 周围的土地不得不出售，圣母得胜堂还是 1629 年路易十三亲自奠基的。其他的教堂如雨后春笋般冒了出来，尤其是圣约瑟夫贾和迈教堂（Saint Joseph-des-Carmes，1616 年）、圣热尔韦教堂（Saint-Gervais，1623 年）、圣母领报教堂（Notre-Dame-de-Bonne-Nouvelle，1624 年），圣保罗圣路易教堂（Saint-Paul-Saint-Louis，1627 年）以及圣约瑟夫大教堂（Oratoire，1630 年）。这些教堂现在仍是 17 世纪杰出建筑发展的证明。

上图 尼古拉斯·德·拉莫桑（Nicolas de Larmessan）的版画，
源自17世纪，这幅画名为《糕点师、音乐家与厨师的服装》。

圣路易岛和玛丽桥，1757 年由让 · 巴普蒂斯特 · 拉格内（Jean-Baptiste Raguenet）所作。在 1658 年洪水冲垮了两座桥拱后，玛丽桥重修时没有在圣路易岛再建房屋。

开放的城市

1643年5月16日，5岁的王太子路易·迪厄多内（Louis-Dieudonné，天赐的）继承王位，成为路易十四（1643—1715）。由于登上王位时他年纪还小，所以由母亲奥地利的安妮摄政，路易十四的教父红衣主教马萨林辅政。

安妮王太后为感谢圣母实现了自己的愿望——在她结婚23年后给了她一个儿子，于是决定修建感恩修道院（Abbey of Val-de-Grâce）。感恩修道院的修建工作根据弗朗索瓦·芒萨尔（François Mansart）的设计，开始于1645年，后来在雅克·莱默西埃（Jacques Lemercier）和皮埃尔·拉·慕埃（Pierre le Muet）的指导下，一直到1669年才竣工。修道院有一个前广场和一个公园，占地8公顷，修道院的建筑都围绕着一个内广场和一个宏伟的教堂而建造，教堂里装饰有米歇尔·安圭埃尔（Michel Anguier）和菲利普·拜斯特（Philipe Buyster）的雕像，以彰显圣母玛利亚的光辉。宏伟的巴洛克式圆顶由皮埃尔·米娜德（Pierre Mignard）所绘，延伸出一个祭坛（仿照贝尔尼尼所建的梵蒂冈圣彼得大教堂里的祭台大华盖所建），而耶稣的诞生图则放在了下方。

由于国内动乱，路易十四的童年永远是各种不安全的状态。他面对的是议会的反对和王子的叛乱，在这场被称为投石党叛乱（the Fronde，1648—1652）的动乱里，王室一度撤退至巴黎大王宫（Palais Royal）和圣日耳曼拉耶城堡（Saint-Germain-en-Laye）。红衣主

来自 17 世纪的匿名画作，画中安妮王后（之前来自奥地利）正在炫耀路易十四（直到 1643 年仍是王太子）。

教马萨林获得了大王宫不远处的杜波夫官邸（Hôtel Tubeuf），杜波夫官邸是由弗朗索瓦·芒萨尔为其改建，两个意大利风格装饰的瑰丽画廊似乎透露出这位红衣主教那宏大的书画和艺术品收藏宝库的些微面目。

1652年，安娜太后和年幼的路易十四一起搬进了由路易·勒沃翻修的罗浮宫。在小画廊的底层，王后的夏季公寓是由六个相连的房间构成，房间由吉奥万尼·罗曼涅尼（Giovanni Romanelli）和米歇尔·安圭埃尔涂上青泥和罗马风格的壁画。国王的卧室和阿波罗画廊均由夏赫勒·勒布伦（Charles Le Brun）在1660—1664年间装饰。1668—1678年，克劳德·贝霍特（Claude Perrault）建造了一个宏伟的以两层柱子装饰的立面，以封锁罗浮宫方形中庭。然而，罗浮宫还未竣工，就已被国王抛弃，于是也没有完成改建，但它很快被法兰西学院（Académie Française），和王家美术和雕像学院 (Académie Royale de Peinture et de Sculpture) 所占据，1699年后又用于举办各种沙龙。

1651年路易十四就到了可以加冕的年纪，1654年7月4日，年仅13岁的路易十四在兰斯大教堂加冕。1660年，他与表妹玛利亚·特雷丝（Maria Therese）成婚，玛利亚王后是西班牙国王菲利普四世（Philippe IV）与法国公主伊丽莎白的女儿，他们的婚姻有利于保证结束法国与西班牙战争的《比利牛斯条约》（Treaty of the Pyrenees）的实施。1661年，马萨林死后，23岁的路易十四开始亲政，他身边有很多出色的人才，包括柯尔贝尔（Colbert）、卢瓦（Louvois）、沃邦（Vauban）和蒂雷纳（Turenne）。1661年，为庆祝路易王太子的出生，路易十四举办了一场大型的马术竞赛，1300名朝臣穿着朝服参加了这个活动，这场盛事后来被称为伊斯布兰德马上庆典（Carrousel Esplanade），这个名字是以这场盛事的主持人伊斯布兰德来命名的。

路易十四授予了在圣安东尼区的玻璃生产商圣戈贝公司

（Saint-Gobain），以及由让·巴普蒂斯特·柯尔贝尔发展的哥白林壁毯制造公司王家特许生产权。在夏赫勒·勒布伦的指导下，200 名壁毯制作者和织工一起为王家居室制作了地毯、悬挂装饰品、椅子和沙发的外皮，甚至丝绸面板。

同时，塞巴斯蒂安·勒普雷斯特雷·德·沃邦（Sébastien Le Prestre de Vauban）监督着边界 300 个要塞的建造，以保护领土安全。所以 1670 年王室颁布了旨意，拆除各边塞的内环。自 13 世纪、15 世纪以及 17 世纪建起来的巴黎城墙，除了杜勒丽堡与巴士底狱外，在 1686—1732 年间均被拆除。在这些城墙的原址处，路易十四建起了从巴士底广场到马德莱娜广场（Place de la Madeleine）的大道，这条大道宽达 37 米，长达 4.4 千米。

下图 1648 年到 1652 年投石党叛乱的一个场景，由 17 世纪法兰西学院派的一幅画作展示，蒂雷纳所率领的国王的军队和康德王子（Prince de Condé）所率领的投石党军队在巴士底门口交战。

这条绰号为盛大大道（Grand Boulevard）的大道是在1668—1705年，根据皮埃尔·比莱（Pierre Bullet）的计划修建成的。这条20米宽的路主要是为了交通通行而开辟的，两侧还有为行人准备的三道的人行道，辅以拱形的圣丹尼门（Porte Saint-Denis）和圣马丁门（Porte Saint-Martin）作为装饰，相得益彰。受到古代传统的影响，这些纪念性的门采取了凯旋的拱形，标志着城市和郊区的连通，弘扬王家军队的光辉。1672年，弗朗索瓦·布朗德尔（François Blondel）建造了圣丹尼斯门，在圣丹尼斯门上，米歇尔·安圭埃尔描绘了法国在荷兰取得的胜利。1674年，皮埃尔·比莱建造了圣马丁门，门上雕刻着浅浮雕，以纪念路易十四战胜弗朗什－孔泰（Franche-Comté）。

在左岸桥上老城墙守护塔奈斯勒塔的位置上，在红衣主教马萨林的资助下，勒沃建造了四国学院（现在的法兰西学会）。两个凹进去的翼上建造了两个阁楼，一起构成了中心的小礼拜堂。这个学院开放于1688年，为60位绅士提供大学教育，教授的课程包括武器、骑马和舞蹈。朱勒·哈多因－曼萨特（Jules Hardouin-Mansart）所设计的马萨林墓，就在这个小礼拜堂，这个小礼拜堂的圆塔尖，现在已成为法兰西学会的标志。

下页图 罗浮宫阿波罗廊，由夏赫勒·勒布伦以太阳在阿波罗的领导下的运行轨迹为主题设计。阿波罗廊在20年后又被复制到凡尔赛宫。

皮埃尔－安东尼·提马契（Pierre-Antonie Demachy）1773 年所画的罗浮宫柱廊，东边的立面现在可以看到一区的科里尼元帅路（rue l’amiral-de-Coligny）。

上图 展示 1667 年 10 月 15 日路易十四从艾丁那勒布朗前往哥白林工场（十三区，哥白林大道 42 号，42 avenue des Gobelins）参观的壁毯，是《国王历史系列》（*Suite de l'Histoire du Roi*，1729—1734）。

太阳王的荣光

17 世纪到来，巴黎内部的防御工事在被称为“太阳王”的路易十四任上被拆除，巴黎开始繁荣并向西发展。而连通杜勒丽花园的香榭丽舍大街建成后，这种发展有了新的方向。

安德烈·勒·诺特托（André Le Nôtre）通过在杜勒丽王宫的中轴线上种植一排 300 米长的栗子树而创建了这个花园。杜勒丽王宫是由路易·勒沃和弗朗索瓦·多贝在 1659 年到 1672 年创建的。这条路通向戴高乐广场旁的八角池。从花园上的平台望去，可以看到往西边大片平原的塞纳河岸和王后大道，景色壮丽。

1667 年，安德烈·勒·诺特托将这片农田变成了一个景观花园，并用一条两旁种满榆树的笔直大路将风景从杜勒丽花园延伸到不远处的香榭丽舍大街。1694 年，这条伟大的东西轴被命名为香榭丽舍大街。到了 19 世纪，这条大道已经延伸到讷伊桥 (Pont de Neuilly)，是巴黎城市化发展的信号。

1666 年，路易十四成立了王家科学院（Académie Royale des Sciences），第二年，他又成立了巴黎天文台（Paris Observatory），用以安置天文设备以及科学研究。1667 年 6 月 21 日，数学家在（天文台的）地面上画出了立方体的轴线子午线。1667 年，克洛德·佩罗 (Claude Perrault) 把一个 28 米深的采石场变成适合实验的地窖，然后就开始建造天文台。这个完全由石头构造的结构备受称赞，尤其是天文台上悬着拱顶的楼梯、安置望远镜的巨大柱子所在

右图 西班牙公主，法国王后——哈布斯堡的玛利亚·特雷丝（Maria-Thérèse），1680年由弗朗索瓦·德特洛伊（François de Troys）所绘。

的平台。

然而，建筑行业蓬勃发展的背景却是国内动乱。17世纪50年代，投石党叛乱导致40000名穷人流落街头。为重建公众秩序，1656年，一条法令规定禁止乞讨，为了收纳处在社会边缘的穷人和流浪汉而建立了综合医院（General Hospital），不管是自愿还是强制，迫使他们去工作，赢取生活资源。1657年，监禁穷人的法律发布，导致800人入狱，他们被监禁在城市郊区的萨尔裴德谢兵工场（Arsenal de la Salpêtrière）。

安托埃尼·杜瓦尔（Antoine Duval）、路易·勒沃、立伯赫·布吕昂（Libéral Bruant）受命将这个临时收容所改建成一个大型机构。这些建筑家在1658年到1678年完成了设计，他们从医院的网状布局中吸取灵感。他们将圣路易修道院附近的宿舍、牛奶房、马厩、作坊进行分类，值得一提的是，妓女们被监禁在监狱里，被强制服劳役并处以残酷的刑罚。1789年，法国大革命爆发当年，萨尔裴德谢医院已经收容了10000人。

1670年，路易十四为收容4000名残疾老兵建立了荣军院(Hôtel des Invalides)。荣军院主要出于军事及宗教需要，为这些老兵提供照料及监视。荣军院的正面装饰有路易十四戎装画的天窗，让人回忆起他戎装的半身像。立伯赫·布吕昂在17个院子里为100个严重受伤的老兵设计了宿舍、食堂、工作室还有医院。

1677年到1706年，儒勒·哈杜安·孟萨尔（Jules Hardouin-Mansart）建造了圣路易荣军院教堂，教堂有107米高的天顶，是法国建筑的经典之作。现在，荣军院教堂已经演变成了两个独立的教堂：军人教堂（soldiers'church），是一个宽阔肃穆的中殿，在画廊中收藏军事人物的画像；圆顶教堂（dome church），现作为王家避难所。圆顶教堂以让·茹弗内（Jean Jouvenet）、诺尔·科佩尔（Noël Coypel）、弗朗索瓦·吉拉尔东（François Girardon）、安东尼·柯塞沃克（Antoine Coysevox）、尼古拉斯·库斯图（Nicolas Coustou）等设计的比例适当、低调内敛的立面为标志，尽管1840年在安置拿破仑的坟墓时做出了一些改变。

下页图 吉哈德·若莱（Gérard Jollain）签名的一幅耶稣纪元年鉴的版画（MDCCVII，1707）。由红衣主教德·诺阿耶（Cardinal de Noailles）奉献（给国王）的王家荣军院，由圣路易在8月22日做祷告，并于8月28日被国王造访。

画面第一排拱顶之下的是王太子、国王和勃艮第公爵。左边是红衣主教德·诺阿耶，以及奥尔良公爵夫人；右边建筑师（Mansart）正向国王进献荣军院的钥匙。海报下部分——为保证国王尊荣所设——放置了当年的日历，显示了是星期、宗教节日和月运周期，由两个可以看到荣军院、餐厅以及士兵训练的俯视图的装饰环绕。

1682年5月6日，路易十四和他的朝廷一起正式搬至凡尔赛宫。1683年玛利亚·特雷丝王后过世后，他秘密地与曼特农侯爵夫人弗朗斯瓦瑟·杜冰妮(Françoise d'Aubigne)成婚。在儒勒·哈杜安·孟萨尔（Hardouin Mansart）监督下，凡尔赛宫添加了其他颂扬国王光辉的装饰品。哈杜安·孟萨尔设计了两个古典风格的王家广场：维多利亚广场（the Place des Victoires，1686），广场上立着一个马丁·德斯贾尔丁（Martin Desjardin）雕刻的路易十四的立像；以及

Premiere Chapelle
Monseig.r le Dauphin
LE ROY
LA SCULPTURE
Mr. le Duc de Bourgogne
Mr. Mansart
Le Cardinal le Noailles
Veue de l'Hostel de Mars du costé de l'Entrée
Profil de l'Eglise du costé du Portail
L'ARCHITECTURE
LA PEINTURE
ALMANACH POUR L'AN DE GRACE M.DCCVII.
Les Soldats de l'Hostel de Mars faisant l'Exercice

上图 1667 年，科尔伯特 (Colbert) 向路易十四介绍王家科学院成员的场景，由亨利 · 特斯特林 (Henri Testelin) 所绘。画面背景的天文台建在十四区天文台路 61 号，远离其他建筑与烟囱。

1674 年，荣军院的奠基礼，由小皮埃尔 · 丹尼斯 · 马丁所画。国家荣军院（七区格勒纳勒路 129 号）沿着塞纳河和沃邦广场（Place Vauban）延伸。王家马车里的路易十四正欣赏南边的这个教堂。在远处，我们可以看到蒙马特山。

从哈贝码头（Quai de la Rapée）看去的巴黎景色，皮埃尔·丹尼斯（Pierre-Denis）1716 年所绘。萨尔裴德谢收容所，图中可看到圆顶，在左岸显得尤为突出。如今，它是十三区医院大道 91—105 号小萨尔裴德谢医院（Groupe Hospitalier Pitié-Salpêtrière）的一部分。

旺多姆广场（Place Vendôme，1685—1720），1699 年时太阳王骑马的雕像就立在广场中央。与此同时，儒勒·哈杜安·孟萨尔设计的王家大桥（Pont Royal）得以顺利让贵族搬到圣日耳曼区。

当 17 世纪的车轮继续滚滚向前，巴黎变成了一个开放而更加博大的城市，2700 个蜡烛灯笼照亮着，在 1672 年划定的边界线基础上，1702 年，一部王家法令划分巴黎为二十个大区。得益于建筑师们的天才与艺术家的杰出技艺，两条大道（向西的香榭丽舍大街，向东的文森大道）使得之前无法看到的建筑——王家大厦、大道、两边是宏伟府邸的街道，世界闻名的纪念碑——展露于世人眼前，巴黎更加开放。

上页图 1699 年在大路易广场运输迪弗朗索瓦·吉哈顿雕刻的路易十五雕像的情景，由和勒·安东尼·乌阿斯（René-Antonie Houasse）所绘。这座青铜骑马雕像装点了一区的旺多姆广场。1792 年被撤下，换成为纪念拿破仑一世而建的旺多姆圆柱。

启蒙时代

1715 年，路易十四去世时，王位继承人、他的曾孙路易十五才 5 岁。所以一直到 1723 年都由他的叔叔奥尔良公爵摄政。他住在巴黎的大王宫，1716 年，他同意在王宫的歌剧院每周举行三次化装舞会。1720 年，当银行系统确实完全无法为客户以纸币兑换黄金，一场财政丑闻被揭露了，原来是财政部长约翰・罗的过错。同时，路易十五一直到 1722 年 6 月 5 日都住在杜勒丽王宫，此后国王和朝廷就回到了凡尔赛宫。

巴黎在不断向西发展，沿着圣日耳曼区的左岸，圣宝莱区（Faubourgs Sanit-Honore）、波尼丽 (Poissonnière) 以及香榭昂坦（Chaussée d’Antin）的右岸，相比玛黑区贵族们更喜欢圣日耳曼区，在圣日耳曼区前建了宏伟的官邸，在后面建了大的花园。这些官邸中大约 50% 仍得以保存，并且被转做了政府机构，如农业部、社会事务部、外国使馆——包括荷兰和瑞士的使馆，以及博物馆等。让・库尔通（Jean Courtonne）建造的，位于七区瓦雷讷大街 57 号的马提尼翁府（Hôtel Matignon）现在成了罗丹美术馆（Musée Rodin，一个为纪念给法国雕像带来了生气的奥古斯特・罗丹而建的博物馆）。同时，在 1726—1730 年期间，路易十四与他最出名的情妇蒙特斯旁夫人 (Madame de Montespan) 的大女儿——路易 - 弗朗索瓦・波旁（Louise-Françoise de Bourbon）和其情人拉塞侯爵（Marquis de Lassay）命人建造了波旁王宫（Palais Bourbon）以

及与其毗邻的拉塞官邸，以便他们可以住在对方附近。建筑师贾尔迪尼、拉苏杭－雅克·加布耶、让·奥贝尔为这对情人设计了居所。

1745年，后来成为国王情妇的庞巴杜侯爵夫人（Marquise de Pompadour）在贵族们青睐的另一个地方——圣宝莱区建造房屋。1753年，她买下了埃夫勒宫（Hôtel d'Evreux）（现在的爱丽舍宫，Elysée Palace），这个宫殿最早是克劳德－阿尔芒·莫奈(Claude-Armand Mollet)在1718—1720年为财政大臣安东尼·克洛扎（Antoine Crozat）所建造的。庞巴杜侯爵夫人的兄弟，马黑尼侯爵（Marquis de Marigny）1751年被任命为国王所有建筑的总管（等同于文化部长）。

尽管路易十五住在凡尔赛宫，在执政期间他一直致力于巴黎的发展以及规范著名建筑。巴黎打算为国王树立一座骑马雕像，1748年这个任务被委派给了埃德姆·布沙东（Edme Bouchardon）。1750年，路易十五提供了建造安放雕像的路易十五广场的土地，路易十五广场现在更名为协和广场（Place de la Concorde）。1763年6月20日，为征集最好的广场设计，路易十五举办了一场设

上图 版画师吉勒·德玛托（Gilles Demarteau）的沙龙的一部分，可追溯到1765年。1776年去世的弗朗索瓦·布歇在1775年为他的店铺创造出这种乡村风格的景色。让·巴普蒂斯特·休伊特和让·雷诺雷·费拉戈纳尔 (Jean-Honoré Fragonard) 作为辅助。

路易－米歇尔·范洛 (Louis-Michel van Loo, 1707—1771) 所画的路易十五画像。

弗朗索瓦·布歇（François Boucher）所画的庞巴杜侯爵夫人的画像，她原名让娜-安托瓦妮特·普瓦松，出生于1757年。

Hortus & Palatium Ebroicense
Marchionissæ D.D. de Pompadour

46e. VÜE
Rep

18 世纪多蒙（Daumont）所作的一幅埃夫勒宫的彩色版画。埃夫勒宫为庞巴杜侯爵夫人所有，这个后面连通香榭丽舍大街的宫殿及花园是由路易十五赠给庞巴杜侯爵夫人的，现在被称为爱丽舍宫，自 1874 年起就成为共和国总统官邸。

计比赛，并征询主建筑师安格·雅克·加布里（Ange-Jacques Gabriel，1698—1782）来挑选设计。

1751年1月13日，路易十五在七区的若弗尔广场（Place de Joffre）和丰特努瓦广场(Place de Fontenoy)建立了军事学校，以作为奖励老军事贵族的手段。他的这个想法起源于他的财政大臣约瑟夫·巴黎－迪韦尔内（Joseph Pâris-Duverney），并受到庞巴杜侯爵夫人的支持。这项工程由安格·雅克·加布里开始，然后由艾蒂安－路易·布雷（Étienne-Louis Boullée）以及亚历山大－西奥多布罗尼亚（Alexandre-Théodore Brongniart）完成，竣工于1780年。

1744年，路易十五生了一场重病，病中他发誓要重建已经坍塌的圣吉纳维夫修道院。马黑尼侯爵将修建圣吉纳维夫修道院（现在的先贤祠，1713—1780）的职责交给了雅克·日耳曼·苏夫洛（Jacques-Germain Soufflot），1764年路易十五亲自为这项工程奠基，这个建筑完工于1790年。

这次，真正的铸币院是由雅克－丹尼斯·安东尼（Jacques-Denis Antoine）于1767—1775年在六区康迪桥上建成，用以为帝国生产货币和奖章。雅克·戈登在同一段时间（1769—1774）在六区医学院路12号的位置建起了外科学校（École de Chirurgie），包含一个壮观的圆形竞技场（现被巴黎第五大学占据）。

1760年，与右岸的盛大大道相对应的是左岸的中午大道。这包括了荣军大道（Boulevard des Invalides）、蒙帕纳斯大道(Boulevard du Montparnasse)、拉斯帕伊大道(Boulevard Raspail)在蒙帕纳斯大道和当费尔－罗什洛广场（Denfert-Rochereau）之间的部分，以及圣雅克、奥古斯特－布朗基（Auguste-Blanqui）、医院大道。

这一系列的杰出建筑植根于一个被称为启蒙运动的时代。哲学家伏尔泰、让－雅克·卢梭（Jean-Jacques Rousseau）和丹尼斯·狄德罗(Denis Diderot)的作品代表了这一时代的思想。从1749年到1772年，狄德罗和让·勒朗·达朗贝尔（Jean le Rond d'Alembert）

接手了出版《百科全书》（或者《科学、艺术和手工经典词典》），书中收录了超过140位作者的作品，其中5565条目出自狄德罗自己。

这个时代沙龙开始出现，主要由贵族或资产阶级妇女举办，如兰伯特夫人（Madame de Lambert）和唐桑夫人（Madame de Tencin）。她们欢迎画家、哲学家、作家、音乐家进入她们的圈子。为《百科全书》提供财务支持的弗林夫人（Madame Geoffrin，1699—1777）邀请达朗贝尔、马里沃 (Marivaux)、布歇（Boucher）、休伯特·罗伯特（Hubert Robert）和范洛（Van Loo）。她的沙龙位于一区圣多诺街 374 号，沙龙带来的这种文化联系推动了艺术的繁荣。

上图 家具制造商查尔斯·弗朗索瓦·诺曼得（Charles François Normand）为伏尔泰创造了这个扶手椅。1778 年 2 月 5 日起，伏尔泰住在他朋友维莱特（Villette）夫妇的家里，维莱特家的位置在现在七区伏尔泰码头 27 号（27 Quai Voltaire）。1778 年 5 月 30 日，伏尔泰死于那里。

SUB INVOC. S. GENOVEF

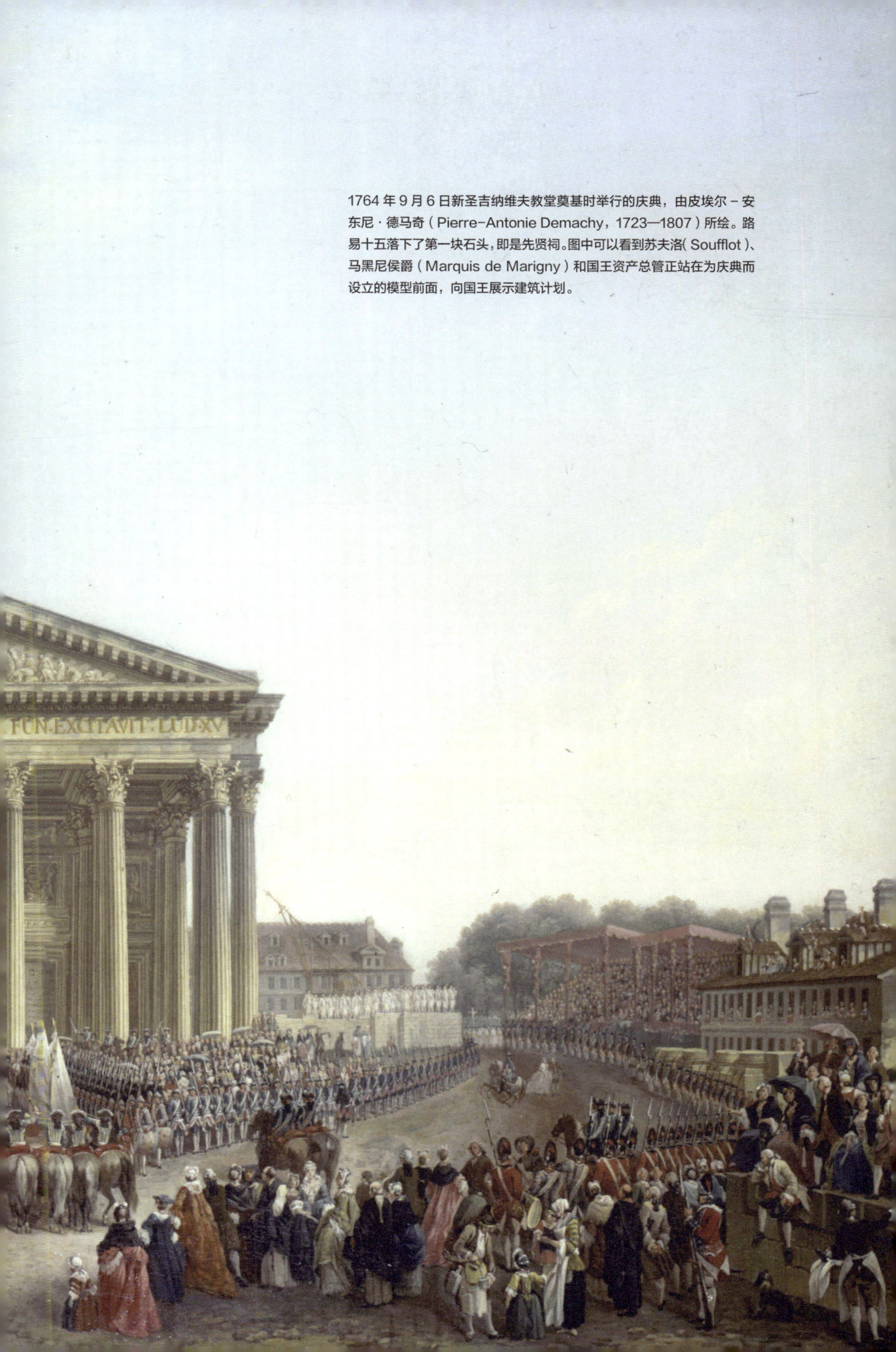

1764 年 9 月 6 日新圣吉纳维夫教堂奠基时举行的庆典，由皮埃尔－安东尼 · 德马奇（Pierre-Antonie Demachy，1723—1807）所绘。路易十五落下了第一块石头，即是先贤祠。图中可以看到苏夫洛（Soufflot）、马黑尼侯爵（Marquis de Marigny）和国王资产总管正站在为庆典而设立的模型前面，向国王展示建筑计划。

王家铸币局（国库）剧院（L' Hôtel de la Monnaie，the Treasury)，坐落在六区的康迪桥（Quai de Conti）上，由皮埃尔·安东尼·德马奇所绘。这个有着一个平台顶的宏伟的新古典主义建筑现在成了铸币博物馆。

1755 年，弗林夫人正在读伏尔泰写的悲剧《中国孤儿》（*L'Orphelin de la Chine*）的场景，由阿尼塞·查尔斯·加布里埃尔·勒莫尼耶（Anicet Charles Gabriel Lemonnier，1734—1824）于 1812 年所作。弗林夫人正坐在右边的第一排，演员列肯（Lekain）正在读伏尔泰写的故事，伏尔泰仍在被流放途中，沙龙中间可见他的雕像。沙龙的客人中可以看到丰特内勒 (Fontenelle)、孟德斯鸠、狄德罗和马蒙泰尔（Marmontel）。

《巴黎街上的狂欢》，艾丁娜 · 让哈（Etienne Jeaurat，1699—1789）作于 1757 年。画面左前方提水的旁观者，观看着忏悔星期二（Mardi Gras）的游行队伍循着鼓点前进。

上图 匿名版画《巴黎真正的声音……在城镇和郊区》，1760 年由皮埃尔·卢谱（Pierre Leloup）刊印。商人走出街道，大声嚷着商品的名字及价格，以兜售他们的商品，包括鱼类（三文鱼、鳗鱼、牙鳕）、水果（梨、红浆果）、坚果（榛子）、水，以及醋。

i veus boire
Liste des Gangnans
Cruche Avandre
Gangne petit
ongans pour Les Coprs
2
ous chaud
Saumon nouveau
chanson nouvelles
Cureur de puis
Falourde d'orleau
ANS LA VILLE ET FAUBOURS DE PARIS
Groseilles a confire
oeuf frais
Mr Sacavin
Carpe lettée
AUMANS CHEZ LELOUP

路易十六的统治

1774 年，路易十五的孙子路易十六（1754—1793）在 20 岁的时候继承了法国王位。他 4 年前与奥地利公主玛丽·安托瓦内特（Marie Antoinette，1755—1793）成婚，当时玛丽公主年仅 15 岁，是神圣罗马帝国皇帝弗兰茨一世（Francis I）与皇后玛利亚·特蕾西亚（Maria Theresa）的女儿。路易十六和玛丽王后直到 1789 年一直住在凡尔赛宫。

巴黎的城市建设计划仍然兴旺。值得一提的是 1789 年到 1791 年间，让－鲁道夫·佩罗内（Jean-Rodolphe Perronet）在圣日耳曼区建了一座连接右岸的路易十六桥，现在被称为协和桥（Pont de la Concorde）。1782 年沙姆－弗里堡（Salm-Kyrbourg）的弗雷德里克三世（Frédéric III）王子委托建筑师皮埃尔·卢梭 (Pierre Rousseau) 来建沙姆官邸（现在七区荣誉勋章路 2 号荣誉勋章博物馆 Musée de la Légion d'Honneur）。

玛黑－约瑟夫·佩尔 (Marie-Joseph Peyre) 和查尔斯·德·威利（Charles de Wailly）完成了法国剧院（Théâtre Français，即现在六区的奥德翁广场的奥德翁剧院 Théâtre de l'Odéon）的建造。这个剧院很快成为法国喜剧人公司的新驻点，1782 年 4 月 9 日，剧院演出了拉辛（Racine）的悲剧《依菲琴尼亚》（*Iphigénie*），由此开始运营。1784 年 4 月 27 日，正是在这个剧院，彼埃

上图 1785 年，法国剧院的一张宣传将于 8 月 21 日演出的博马舍（Beaumarchais）[2] 第 76 场《费加罗的婚礼》的海报。

尔·奥古斯旦·加隆·德·博马舍（Pierre Augustin Caron de Beaumarchais）[1] 所写的很有争议的剧目《费加罗的婚礼》就在此上演，随后由于其对工作本质的颠覆性的理解，路易十六下令禁演该剧目，禁演长达两年时间。但是当时这场首映极为成功，四五千人挤进来观看这场法国戏剧史上的盛事。

借着人们对咖啡这种美味饮品的疯狂，各种商业公司借着咖啡店的名义，如雨后春笋般冒了出来。1669 年，土耳其大使所李曼·艾嘉（Soliman Aga）在觐见路易十四的时候，将咖啡带给了路易十四的官员品尝，之后咖啡变得十分时兴。1672 年，帕斯卡·阿呼提昂（Pascal Harouthioun）在他圣日耳曼集市上的商店里提供了品尝咖啡的环节。不过是 1686 年意大利出生的芳斯华·波克皮欧

① 即加隆·德·博马舍（Pierre-Augustin Caron de Beaumarchais），文中是他的原名。——译者注

② 法国剧作家博马舍（Beaumarchais），擅写戏剧，著名剧本有《费加洛的婚礼》（*Mariage de Figaro*）。——译者注

上图 1786 年圣母院桥上的房子被拆除的场景，由休伯特 · 罗伯特（Hubert Robert，1733—1808）所绘。1786 年，为安全和卫生原因，这座桥上不再建房子。

18 世纪巴黎大王宫里卡窝（Caveau）咖啡店的细节图。这个咖啡店里装饰着大面镜子，克吕克（Clück）、盖提（Guétry）和皮契尼（Piccini）将喜爱歌剧的人聚在了一起。

路易十六穿加冕服的绘像，由约瑟夫·希夫黑德·杜普莱西斯（Joseph-Silfrède Duplessis）所绘，路易十六于1775年6月11日在兰斯（Reims）加冕。

（Francesco Procopio）在巴黎六区古戏剧街13号（13 rue de l'Ancienne Comédie）所开的波克普咖啡厅（Café Procope），大大地推动了其他咖啡店的出现。伏尔泰、卢梭、狄德罗、丹东（Danton）、罗伯斯庇尔、马拉（Marat）、本杰明·富兰克林常常造访这家装修华丽的咖啡厅。在大王宫里维克特·路易（Victor Louis）1784 年建的走廊中，弗瓦咖啡店（Foy Café）、杜卡窝咖啡店(Du Caveau Café)就在伯维椰餐厅（Beauvillier）以及维幅（Véfour）餐厅旁，比邻而开。

巴黎居民显然对航空事业充满热情。造纸商约瑟夫（Joseph）和艾丁那·蒙特高尔非（Étienne Montgolfier）兄弟发明了第一艘飞艇——蒙特高尔非号（填满热空气的气球），物理学家雅克·亚历山大·查尔斯（Jacques-Alexander Charles）通过以氧气替代热空气，改善了这一发明。1783 年，制造墙纸的商人让·巴普蒂斯特·贺维纶（Jean Baptist Réveillon）在他位于十一区蒙特勒伊路 3 号的房子里放飞了热气球。同年 11 月，第一个人造飞机载着让－弗朗索瓦·彼拉特尔·德·罗其埃（Jean-François Pilâtre de Rozier）和阿兰德侯爵（Marquis d'Arlandes），从十六区米埃特城堡（Château de La Muette）出发，前往十三区的布特（Butte aux Cailles），12 千米的路程，一共用了 25 分钟。

另一座城墙——农业部城墙（the wall of the Farmers-General）建于 1784 年。然而，这座城墙的建立主要是出于财政目的，而不是防卫性的原因。城墙上设立了 50 个关税办公室，作为商品进城时征收关税的一道关卡。设计阿尔克塞南王家盐场（Royal Saltworks at Arc-et-Senans）的建筑师克劳德·尼克拉斯·勒杜（Claude-Nicolas Ledoux）出于贸易的考虑设计了这些办公室。然而，由于 1860 年的破坏，仅有 4 个保存下来，它们是：昂费关口（Barrière d'Enfer，十六区）；拉维莱特的圆形大厅（the rotunda of la Villette，第十九区）；奥尔良圆形大厅或蒙梭公园（the

下图 玛丽王后身着蓝裙白衫，手持一本书的绘像，由伊丽莎白·维格·勒布伦（Elisabeth Vigee-Le Brun，1755—1842）1788 年绘制。

rotunda of Orléans or Parc Monceau，八区）以及特罗纳关口（Barrière du Trône，第十一区和第十二区）。

随着 18 世纪的发展，经济和社会的不稳定使得法国证券岌岌可危。公共债务恶化而贵族则拒绝采取改革措施改善民生，结果，路易十六和玛丽王后变得尤其不受欢迎。当人民难以获得必需的供应，面包也变得极为昂贵的时候，巴黎的矛盾终于爆发。

1783年12月1日，在杜勒丽升空的查尔斯与罗伯特的热气球。物理学家雅克·亚历山大·查尔斯和医疗器具制作师小罗伯特乘坐一个充满氧气的热气球，从杜勒丽花园出发，飞行了2个小时45分钟后，在距巴黎30千米处的内勒拉瓦莱（Nesles-la-Vallée）着陆。

标志

在过去，几乎每家商店或每户人家的墙上都会悬挂这样一个标志。在根据 1805 年法律制定巴黎的道路编号系统之前，巴黎居民和游客主要通过标志来认路和确认住所。对手工艺者而言，标志还常常说明了一件物品的出处，比如锁匠用一把钥匙做标记，面包师用一捆小麦作为标记。标记还分为不同的类别，如历史、宗教、动物王国（马、狮子、公鸡）和植物世界（葡萄和松果）。巴黎的很多道路现在还保留着当时标志的名字，如捕鱼的猫路（rue du Chat-qui-Pêche）和青色的碗路（rue du Plat-d'Etain）。

上图 一个 18 世纪葡萄酒商人的标志，用熟铁做成，上面写着："一个小篮子"。

上图 八区多米尼加共和国广场（Place de la République-Dominicaine）的奥尔良圆形大厅或蒙梭公园。它坐落于蒙梭公园的入口处，是勒杜（1736—1806）所建的四个关税办公室之一，启用于1787 年，但是 1860 年，人们给其增加了一个圆顶和围着的柱子。

法国大革命

1789 年 4 月 26 到 28 日，正值法国大革命的时候，法国爆发了贺维纶叛乱。贺维纶是一个制造墙纸的商人，他主张增加商品税收，这会导致工资下降。由于当时人们的主食面包的价格已经上涨到难以维生的程度，圣安东尼区的工人和无业居民一起反抗这个提议。这场面包暴乱导致 100 人死亡，近 300 人受伤，而贺维纶在房子被烧毁后，不得不进入巴士底狱避难。他是当年唯一一个十分乐意进巴士底狱的人。

1789 年 7 月 12 日，当路易十六撤销了财政部长雅克·莱克（Jacques Necker）的职位，并拒绝了一项改革方案后，巴黎人民发动了一系列的反对游行。那天晚上，巴黎很多的收税所被焚烧。第二天，选民们成立了一个 48000 人的资产阶级自卫队，以保护巴黎的安全。为了武装部队，7 月 14 日，巴黎人民抢夺了存放在荣军院的 32000 支步枪和 12 门大炮。他们继续往存放弹药和枪支的巴士底狱进发。

监狱长德洛内（De Launay）拒绝放他们进去，他们开始进攻巴士底狱。这场暴乱导致 73 人受伤，近 100 人死亡，其中就包括

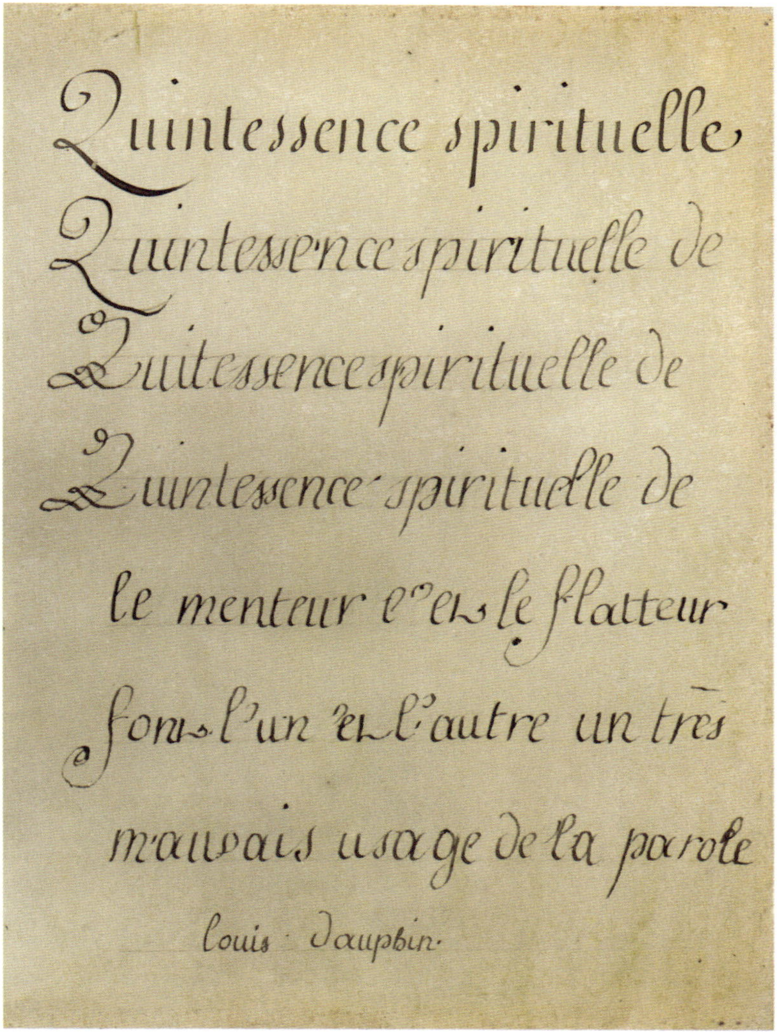
Quintessence spirituelle
Quintessence spirituelle de
Quintessence spirituelle de
Quintessence spirituelle de
le menteur et le flatteur
font l'un et l'autre un très
mauvais usage de la parole
Louis dauphin

左图 王太子（路易十六的儿子，1785—1795）的练习册，大概时间为1790—1792年间。

上页图 彩绘石扣，石头来自巴士底狱。企业家帕洛（Palloy）取材自这座堡垒的天然材料，衍生制作出一系列的产品：钥匙，巴士底狱模型，扣子等。这些以月桂木为底的石制扣子，代表了巴黎城本身。

被群众杀死的狱长。然而，当时巴士底狱仅仅关押了七个人，其中四个人是因为伪造而入狱的，两个疯子，一个被家人关进监狱的贵族。巴士底狱被攻占，伪造犯们很快逃走了，而两个疯子和那个贵族被扣下了：两个疯子第二天被送回沙朗通收容所（Charenton asylum），贵族则在外省度过了余生。

7 月 15 日，企业家皮埃尔－弗朗索瓦·帕洛（Pierre-François Palloy，1755—1835）掌握了主动权，开始在 700 名工人的帮助下拆除巴士底狱，天文学家让－西尔维安·贝利（Jean-Sylvian Bailly）被选举为巴黎市长，而资产阶级自卫队接管了拉斐特将军（General de La Fayette）控制的城市警卫队。7 月 16 日，路易十六重新恢复贾克·莱克财政部长的职位，但是雅克·莱克在 1790 年 9 月 4 日辞职。1789 年 8 月 26 日，国民大会通过了《人权宣言》。这项宣言共 17 章，第 1 章申明每个人生而自由，享有平等的权利。这对世界有着莫大的影响。

10 月 5 日，大约 6000 名女市民在城市警卫队队长拉斐特将军的陪同下前往凡尔赛宫，向国王、王后和王太子索要面包，他们分别被戏称为面包师、面包师妻子和他们的小学徒。第二天，也就是 1789 年 10 月 6 日，国王和王室被迫离开凡尔赛宫而暂居杜勒丽宫殿。在 1791 年 6 月 20 日午夜，路易十六和家人一起乘坐一辆有篷马车出逃，前往卢森堡附近的法国边境城市蒙梅迪（Montmédy），与效忠于王室的军队会面。然而，他们 6 月 21 日晚上在瓦雷纳（Varennes）被抓，并在 6 月 25 日被带回巴黎。这次出逃仅仅加深了人们对国王的不信任。

1791 年 9 月 3 日，国民大会通过了宪法，路易十六在 9 月 14 日宣誓承认这部宪法。1792 年 8 月 10 日，由于相信国王已经与奥地利和普鲁士军队结盟，马赛和布雷斯特（法国一座军港城市）的城市警卫队也加入了攻占杜勒丽宫的行动。杜勒丽宫的沦陷标志着国王的倒台。

路易十六及其家人在杜勒丽宫（一区里沃利路 230 号前方）的立法大会大厅，也就是马奈兹大厅（Salle du Manège）躲了四天。1792 年 8 月 13 日，路易十六、玛丽王后以及他们的两个孩子（公主和王太子），还有路易十六的妹妹伊丽莎白公主，被带往唐普勒堡，并囚禁于唐普勒堡中的塔上。

上图 1789 年 4 月 28 日圣安东尼区的枪战——贺维纶事件，由乔治·佩里西尔（Georges Pélicier）和克劳德·尼奎（Claude Niquet）所作。士兵们正和叛乱群众交火，叛乱的人们从上面的房子里扔下石头。画面中心的小建筑物是十一区蒙特勒伊（Montreuil）路 1 号的喷泉。右边的背景处是勒杜所建的特罗纳税收所（Trône customs control，现在的民族广场），勒杜的这个税收所仍未建完。

右图 玛丽王后的一只鞋子，由守卫杜勒丽宫的掷弹兵埃那里·德·香普于 1792 年 8 月 10 日从入侵者手中抢回来。

1790 年 7 月 14 日举办的联邦庆典，由查尔斯·戴维南（Charles Thévenin，1764—1838）于 1796 年绘制。在战神广场（Champ de Mars）举办的联邦庆典是为了纪念攻占巴士底狱一周年。路易十六和巴黎市长贝利一起正向宪法宣誓，贝利旁边是站在队伍前的拉菲特将军，画面右边是玛丽王后，她手里抱着王太子。

巴伦·弗朗索瓦·吉哈德（Baron François Gérard，1770—1837）的绘画，记录1792年8月10日的事件。集会中，人们用手指着路易十六和玛丽王后（画面的右边）。王室坐在《罗格古拉菲报》（*Le Logographe*）的印刷室，该报纸被指定报道当次辩论，印刷室位于主持集会的皮埃尔·维赫诺德（Pierre Vergniaud）的扶手椅后，旁边是由栅栏隔开的另一间房。

巴士底狱

巴士底狱是1370年在红衣主教黎塞留的提议下建起来的，起初是一个防御工事，17世纪时转变成收容危害国家安全罪行的罪犯的监狱。只需一封密封的信件，人们就可能被逮捕入狱。入狱的人被秘密抓捕，自己也不知道为什么被拘留。所以巴士底狱成为国王绝对权力的象征。常常戴着一个金属面具的财务部长尼古拉斯·富凯（Nicolas Fouquet）、伏尔泰和萨德侯爵（Marquis de Sade）都曾住进巴士底狱。1670年查尔斯五世城墙拆除后，巴士底狱就没有防御功能了。1784年，由于关押的犯人极少，而运营费用过高，曾有计划拆除巴士底狱。

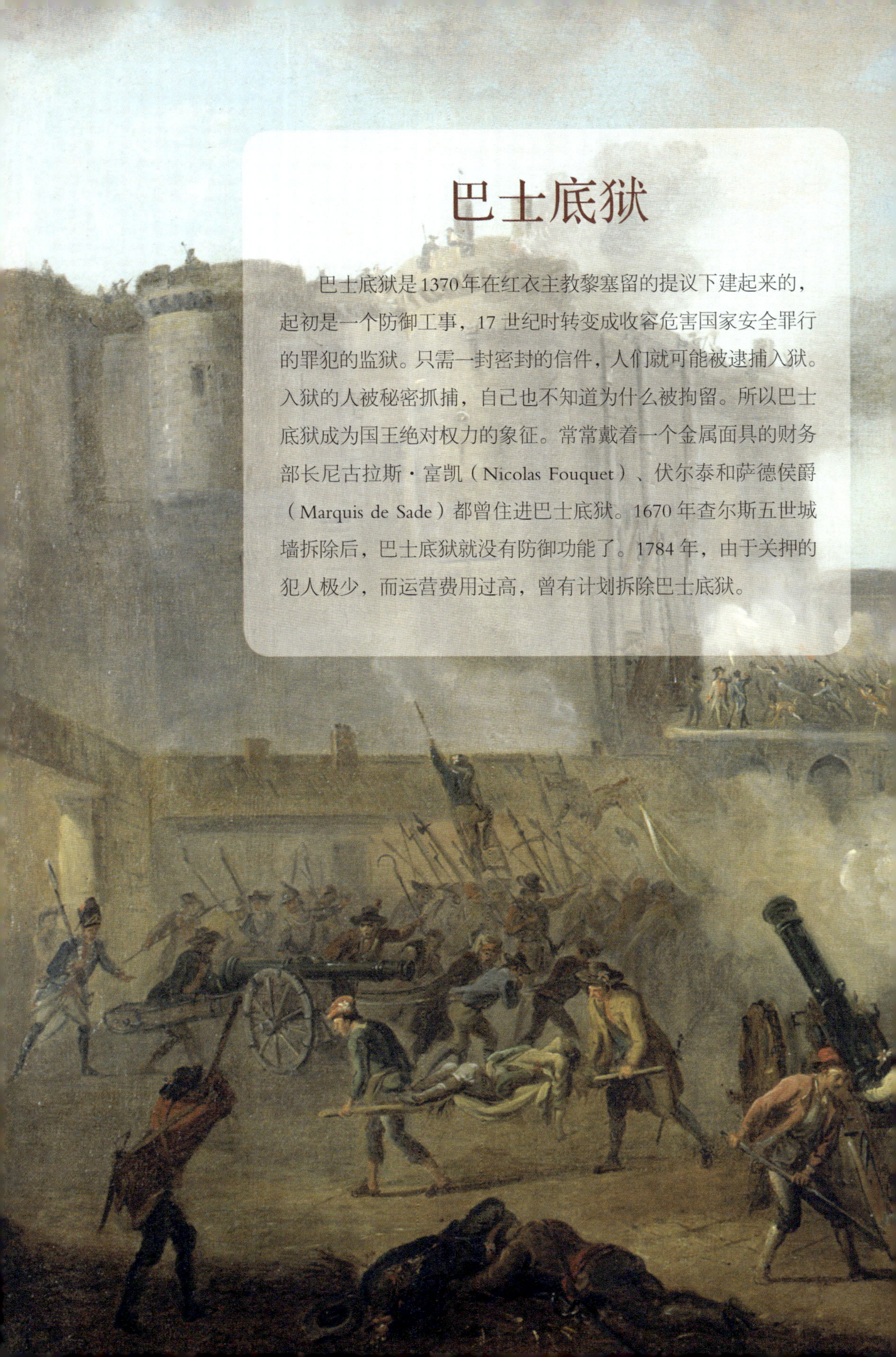

1789年7月14日巴士底狱暴乱，由让－巴普蒂斯特·拉勒芒（Jean-Baptiste Lallemand，1716—1803）所绘。

共和国的建立

上图 一套塞夫勒（Sèvres）陶瓷杯子和茶托，1788—1789 年。黄色背景的边上装饰体现着大革命自由的主题：弗里吉亚帽[①]过去是由被解放的奴隶所戴。

1792 年 9 月 22 日，国民公会，也就是新的国民大会，废除了国王制，并宣布法国为共和国。路易十六与玛丽王后被推上了审判台并被判处死刑。1793 年 1 月 21 日，路易十六被推上了协和广场上的断头台，玛丽王后在 1793 年 10 月 6 日也遭遇了同样的命运。1795 年 8 月他们的儿子——王太子（在他父亲去世后就变成了路易十七），10 岁的时候在唐普勒要塞去世。路易十六与玛丽王后的女儿玛丽·特蕾西亚公主（1778—1851）是路易十六家族唯一一个存活下来的家庭成员。1795 年，她被用于交换因为战争而在外国被捕入狱的国民公会委员，她与堂兄查尔斯十世（Charles X）的长子昂古列姆公爵（Duke of Angoulême）成婚。

国民公会中有两个对立的派别，吉伦特派（Girondin）和山岳派（Montagnard）。吉伦特派比较温和，代表由地方选举出来，如雅克－皮埃尔·布里索（Jacques-Pierre Brissot）和皮埃尔·韦尼奥（Pierre Vergniaud）。他们之所以被称为山岳派，是因为他们在

① 倒圆锥形帽，又被称为自由帽。——译者注

让－雅克·豪尔（Jean-Jacques Hauer，1751—1829）1794年所绘的《1793年7月13日马拉之死》。夏绿蒂·科黛在马拉为放松皮肤洗澡的时候刺杀了马拉，马拉是山岳派代表以及《人民之友》（*L'Ami Du Peuple*）的编辑。

种植自由树的场景，艾蒂安·哈考特（Etienne Béricourt）1789 年所绘的水粉画，种植这种树就值得被庆贺了。一般会种橡树或者白杨树，因为白杨树（Poplar）的拉丁语名字是人民（People）。

下图 休伯特·罗伯特（Hubert Robert，1733—1808）所画的重建中的罗浮宫大画廊，画中所描述的应该是1796年4月到1799年4月，画面右边的矮墩上的雕像是泽农（Zenon），这是在意大利战争期间从罗马的卡比多里尼博物馆（Capitoline Mus-eum）拿回来的。

国民公会上坐在最上方的凳子上。山岳派的代表主要由从巴黎选举出来的行动派，包括乔治·丹东（Georges Danton），让-保尔·马拉（Jean-Paul Marat）和马克西米连·罗伯斯庇尔（Maximilien de Robespierre）。

1793年6月2日，吉伦特派的代表被赶出了国民大会，很多立刻被捕并被执刑。就在一个月后，7月13日，夏绿蒂·科黛（Charlotte Corday， 1768—1793），诺曼底的一位年轻的贵族，刺杀了马拉，因为她认为马拉对革命中吉伦特派的控诉和流血负有责任。科黛在四天之后被送上了断头台，马拉被认为是革命的一位烈士。

1793年，罗伯斯庇尔为应对共和国国内不断的反革命运动与国外的战争，发动了后来被称为“恐怖统治”的运动，很多嫌疑人被捕入狱然后被斩首，在经济方面，1793年9月29日颁布的《最高法案》（maximum law）则固定了主要食品的价格和工资水平。

1794年，山岳党开始分裂，罗伯斯庇尔及其追随者与他们之前的同盟军乔治·丹东、卡米尔·德穆兰（Camille Desmoulins）、雅克·R.埃贝尔（Jacques René Hébert）决裂，乔治、卡米尔和雅克都被送上了断头台。1794年7月27日到28日（即共和国历第二年热月9—10日）[①]，罗伯斯庇尔及其追随者路易·德·圣鞠斯特（Louis de Saint-Just）和乔治·库东（Georges Couthon）一起被捕斩首。罗伯斯庇尔倒台后，1795年到1799年，法国开始了另一个政权形式——督政府（Directory）。行政权力被赋予由五位成员组成的理事会，理事会每位成员年纪都在40岁以上。

法国大革命也改变了巴黎的建筑格局，1790年5月21日，随着农业部城墙的完工，巴黎的边界开始向一条直线发展。1795年11月11日，巴黎被分成了四十八个区，由十二个地方理事会掌管。尽管很多艺术和宗教建筑在大革命中遭到毁坏，1790年建成的国家档案馆（National Archives）标志着另一种新的文化生活的兴起。

装饰着巴黎各大广场的帝王雕像，作为王权的象征，几乎被全部拆毁，仅有一座例外——安东尼·柯塞沃克（Antoine Coysevox）所雕刻的、穿着古罗马皇帝服饰的路易十四，这座雕像在1689年7月14日揭幕（现在放在卡纳瓦雷博物馆的广场上）。由于法律规定神职人员和外来移居人员的财产都属于国家，所以这些财产都被充公、售卖，或被转为国家收藏。一些建筑在大革命期间被拆毁，然而很多则被重新分配了用途：以前的女修道院变成了学校、医院或监狱，圣吉纳维夫修道院则变成了先贤祠（Pantheon），供奉着对国家有重大贡献的伟人们。

---

① 热月（Thermidor）是法国共和国历的第十一个月，开始于阳历7月19—20日，结束于8月17—18日。文中时间发生的政变又称“热月政变”。——译者注

画家亚历山大·勒努瓦（Alexander Lenoir）把很多画作和教堂残留物品藏在了圣奥古斯丁修道院（the convent of the Grands Augustins，即现在巴黎六区波拿巴路 14 号的巴黎美术学院， Ecole des Beaux-Arts），挽救了很多作品。1791 年，他被任命为这个储藏室的主管，从 1793 年开始，这个储藏室主要收藏雕像，1795 年 10 月 21 日又变成了巴黎古迹博物馆（Musée des Monuments Français）。

1792 年 8 月 11 日，杜勒丽王宫遭受攻击，第二天，国家颁布一项政令，决定将罗浮宫转变成一个博物馆。罗浮宫的藏品主要是艺术作品，或来自以前的王室收藏，或者查抄神职人员和移居人员家产所获。罗浮宫博物馆象征性地在 1793 年 8 月 10 日，也就是君主制结束的周年纪念日开放，然而它真正对公众开放则是 1793 年 11 月 18 日。国王花园在 1793 年 6 月 10 日被改成自然和历史博物馆，以为国家教育提供便利。

1794 年秋，阿伯特·乔治·格雷瓦（Abbot Henri Grégoire）向国民公会提议设立一个新的机构：国家艺术和手工艺收藏室（the Consevatoire des Arts et Métiers），将应用于艺术、制造和商业的各种机械、工具、模板、画作以及书籍都整理收藏起来。这个收藏室设立于 1798 年，位置就在原圣马丁香榭教堂（三区圣马丁路 292 号，292 rue Saint-Martin，3rd arrondissement）。

1794 年，国家档案馆和古代档案馆（Archives of Ancien Régime）合并，以保存新政府的档案。1808 年 6 月，拿破仑·波拿巴在三区的法兰克资产阶级路 60 号（60 rue des Francs-Bourgeois）苏俾士府邸（Hôtel de Soubise）建立了档案馆。

法国文物博物馆（现在六区波拿巴路的美术学校，School of Fine Arts）的一间房间，由利昂·马修·哥克河（Léon Matthieu Cochereau，1793—1817）所画。画面左边是巴特勒米·特朗布莱（Barthélemy Tremblay）所作的亨利四世雕像，右边则是弗朗索瓦·吉尔哈顿（François Girardon）所作的路易十四骑马雕像。

共和国历2年热月9—10日晚上被抓的罗伯斯庇尔，由奥克塔夫·塔萨尔特（Octave Tassaert，1765—1835）和伏可杭－让·哈利叶（Fulcran-Jean Harriet，死于1835）1794年所作。在共和国历2年热月9日（1794年7月27日），罗伯斯庇尔、路易·德·圣鞠斯特和乔治·库东一起被国民公会逮捕，他们的支持者偷偷放掉了他们，于是他们在市政厅避难，然而忠于国民公会的军队在晚上攻击了这个宫殿，1794年7月28日，罗伯斯庇尔在中了两枪后，在协和广场被斩首示众。

DES DROITS
et du Citoyen

拿破仑一世纪元

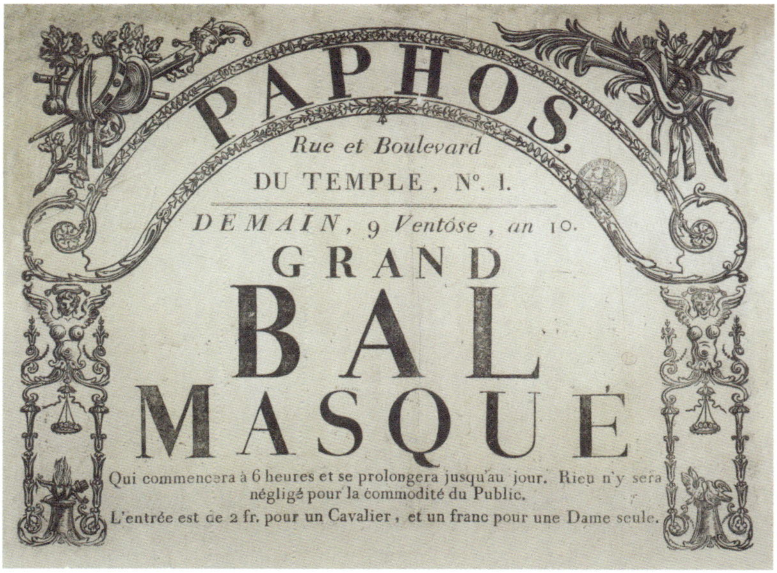

右图 共和国 10 年，一张宣传帕福斯（Paphos）——一场大型蒙面舞会的海报。1795 年，建筑师布里卡尔在唐普勒大道(Boulevard du Temple）和唐普勒路 (Rue du Temple) 的交会处（现共和国广场，Place de la Republiqe）建了一个娱乐区。这个娱乐区的形状是一个圆形殿堂，由多立克柱式的立柱支撑，还有花园、舞厅、咖啡厅以及画廊，观众可以观赏假山、烟花和参加蒙面舞会，玩玩轮盘游戏，使这个地方显得异常迷人。

下页图 国王餐饮部的一个盘子，盘中的绘画显示了里沃利大街是建在协和广场和金字塔广场之间（一区），然后一直延伸 3000 米直到圣安东尼路。

1769 年拿破仑·波拿巴出生于科西嘉岛的阿雅克肖（Ajaccio），他参了军。1796 年，拿破仑与约瑟芬·博阿尔内（Joséphine de Beauharnais）结婚，然后，他在意大利战役中大显光彩。在巴黎督政府受保王党组织的武装叛乱威胁的千钧一发之际，拿破仑的军事天赋使其获得了一定的政治影响力，后来他发动了雾月（1799 年 11 月 9—10 日）政变，成为法兰西共和国的执政官。

他在任执政官期间（1800—1804），在他的领导下，他的助手埃马纽埃尔－约瑟夫·西哀士（Emmanuel-Joseph Sieyès）和罗杰·杜科（Roger Ducos）尽最大努力，通过对移居人员实行大赦以及给予人民尊敬神职人员的自由等方式，以恢复和平。

1801 年，巴黎的人口已经达到了 55.5 万人。为提高巴黎人民的福利，拿破仑采取了好几步的措施。第二年拿破仑下令建造乌尔克运河 Canal de l’Qurcq），从而可以从维莱特水库（Villette basin）引水至巴黎，满足城市所需。

到 1808 年，这个水道为 56 个公共喷泉、15 个新的引水点提供水源，尤其是帕尔米耶喷泉（Palmier Fountain）。蒙帕纳斯公墓（Montparnasse）和拉雪兹公墓 (Père Lachaise) 于 1801 年建立，蒙马特公墓则被进一步扩张。

拿破仑意识到法国的钢铁工业仍需进一步发展，于是他下令艺术桥、西岱桥和奥斯特里茨桥（Pont d’ Austerlitz）必须由生铁建造。艺术过街天桥（Passerelle des Art footbridge）由 9 个金属拱形所构成，上面是一个木质结构，由鲜花装饰，像是一个“悬挂的花园”。近年来，这座桥被恢复它原来的形状，这个创新结构是以英国的一座桥为蓝本的。

1802 年 8 月 5 日，拿破仑被任命为终身第一执政官，当时他居住在杜勒丽王宫南翼的王家公寓。夏赫勒·博希尔（Charles Percier）和莱纳德·芳登（Lénard Fontaine）重新整修了这个俯视着里沃利大街南翼的内部装饰。宽阔的里沃利大街两旁都是瑰丽的、前面是拱廊的大理石房屋，1802—1803 年间，卡斯蒂廖内路、坎邦路、蒙迪威路和蒙塔波尔路（Castiglione，Cambon，Mondivi，Mont-Thabor）等将里沃利大街与圣多

艾丁那·布尔（Eitinne Bouhot）1810 年绘制的勒卡特莱广场（Place du Câtelet）上的喷泉。大城堡的拆毁使得交换桥（一区）尾部有了空间，弗朗索瓦－让·不哈耶（François-Jean Bralle）在那里建起了帕尔米耶喷泉，喷泉顶部是由西蒙·路易·波瓦则（Simon-Louis Boizot）所建的胜利女神像。

弗朗索瓦·艾丁那·维耶赫（François-Etienne Villeret）19 世纪所作的一幅水粉画，画中描绘了塞纳河、学会和艺术桥。连接学会和罗浮宫的艺术桥在 1984 年被重新修建，为更便利塞纳河的航运，它改建成了七个桥拱。

诺街连通。派克斯路（rue de la Paix）建于1806年，这条路的建造使得一些居住用地变成了奢侈品零售区。房子的内部设计也开始流行一种帝国风格，这种风格将古典和埃及的风格与法国传统的装饰风格相结合。

1804年5月18日，拿破仑宣布成为法兰西帝国的皇帝，称号为拿破仑一世。12月2日，在教皇皮乌斯七世出席的情况下，他在巴黎圣母院加冕。拿破仑引进了民法典（Civil Code）和荣誉军团勋章（Legion of Honor）；创建了中学；通过建立法兰西银行（Banque de France）、财税法庭和证券交易所等建立起了法国的金融体系；此外，他通过开放包括圣日耳曼市场、柯斯码头的鲜花市场在内的四个室内市场，改善了国内商品流通。后来，他重建了法兰西学院，作为法兰西学会（Institut de France）的一部分，原来的四国学院也归于法兰西学会。

1805年12月2日，为了庆祝他在奥斯特里茨轰动一时的胜利，拿破仑像罗马皇帝一样，决定在城市里建起永久的纪念物。他在香榭丽舍大街的尽头建立起了宏大的拱门——现在被称为凯旋门。凯旋门于1806年8月15开始破土动工。1809年让－弗朗索瓦·查勒格林（Jean–François Chalgrin）设计了它的建筑计划。杜勒丽王宫在1871年被一场大火烧毁，1883年被夷为平地，而在位于原杜勒丽王宫中轴线上的卡鲁索广场（Place du Carrousel），拿破仑建造了一个从博希尔到芳登的拱门，以纪念这支伟大的军队。这个卡鲁索凯旋门建于1806—1809年，用彩色石块建造，外形仿照罗马的塞维鲁凯旋门（Arch of Septimius Severus），这座拱门基线上刻的浮雕唤起人们1805年的光荣记忆。

旺多姆广场（Place Vendôme）中央，竖立着以罗马图拉真柱（Trajan's Column）为基础的，由雅克·戈多因（Jacques Gondouin）和让·巴普提斯特·雷贝（Jean Baptiste Lepère）所建的43米高的石柱。石柱顶上是拿破仑的雕像，外面覆盖着从俄罗斯和澳大利亚军队缴获的大炮中得来的青铜。柱上的浮雕上则刻着代表他军事战役的76次战役。

1809年，拿破仑与约瑟芬离婚。1810年4月2日，他与玛丽·路易莎（Maria-Luise de Habsbourg-Lorraine，1791—1847）成婚，玛丽·路易莎给拿破仑生了一位继承人，后来被称为“罗马王（King of Rome，1811—1832）”。拿破仑一直致力于巴黎的街道数字命名的改革以及贸易，同时他建立了很多代表他统治的建筑物。亚历山大-西奥多·布隆奈尔特（Alexandre-Théodore Brongniart）设计了其中一个建筑——证券交易所——他的灵感来自以前的长方形教堂和市场的布局。1811年5月10日，巴黎被分成十二个大区、四十八个小区，这一布局一直到1860年还在沿用。

然而，1815年6月18日滑铁卢战役的失败导致第一帝国的灭亡，拿破仑也被流放到圣赫勒拿岛（Saint Helena），并于1821年5月5日死于圣赫勒拿岛。在死前，他写道：“我愿我的身体躺在塞纳河畔，躺在我如此热爱过的法国人民中间。”

右图 玛丽·路易所作的微型绘像，由萨洛蒙·吉拉姆·古尼斯（Salomon-Guillaume Counis）所绘。

1810 年，法兰西第一帝国期间的一个检阅日，由约瑟夫 – 路易 · 伯朗格（Joseph-Louis Bellangé）和阿迪恩 · 多扎特（Andien Dauzat）在 1862 年所画。卡鲁索凯旋门顶上的雕像是 1204 年从君士坦丁堡所得，后来被运去威尼斯．拿破仑去威尼斯时将它带回了法国。卡鲁索凯旋门成了杜勒丽花园的入口。

hte Bellangé. 1862

1814 年 4 月 8 日，从旺多姆广场青铜柱上将拿破仑的雕像拆卸下来的场景，由乔治－爱缪尔特·欧普提兹（Georges-Emmanuel Optiz）所绘。这个行动发生在 4 月 2 日参议院做出驱逐拿破仑及其家族的决议之后。

君主制复辟

1814 年 4 月 1 日，临时政府宣布拿破仑倒台，波旁王室复辟。流亡国外 23 年之后，路易十八（Louis XVIII）——路易十六的弟弟，于 1814 年 5 月 3 日回到巴黎，登上了王位。他选择杜勒丽王宫作为王家居所，而放弃了凡尔赛宫。然而他的统治在 1815 年 3 月 19 日被尝试重新掌权的拿破仑暴力打断，这段时间被称为“百日王朝”。拿破仑在 1815 年 6 月 22 日最终退位。1824 年 9 月 16 日，路易十八逝世后，他的小弟弟查理十世 (Charles X，1757—1836) 继承了他的王位。

1816 年 1 月 19 日，路易十八要求恢复原来在法国大革命期间被推倒的王家雕像：1818 年，弗朗索瓦 · 弗雷德里克 (François-Frederic) 在太子广场重建了一座亨利四世的雕像；1822 年弗兰索瓦 - 约瑟夫 · 博西奥（François-Josep Bosio）在胜利广场为路易十四重建了一座雕像；1829 年，先是路易 · 杜帕提 (Louis-Dupaty)，然后是让 - 皮埃尔 · 葛多特（Jean-Pierre Cortot），在孚日广场建了一座路易十三的雕像。

1816 年，路易十八委任皮埃尔 · 弗朗索瓦 · 莱昂纳德 · 芳登（Pierre François Léonard Fontaine）在路易十六与玛丽王后下葬的马德琳墓地建立一个赎罪小礼拜堂。八区帕斯奎尔路（rue Pasquier）的赎罪堂在 1824 年 1 月 21 日完工。

上图 一区的维和－多达廊街，食品商人维和与多达在 1826 年建造了这条包含 38 个商铺的廊街，这条廊街连接博蒂尚克鲁瓦路（Rue Croix des Petits－Champs）与让－雅克 · 卢梭路 (Rue Jean-Jacques Rousseau)。

波旁王朝复辟使廊街[①]变得时兴起来，这种结构可以使店铺集中在一处，让在窗口浏览的人也有地方躲避不好的天气和交通。1786 年，巴黎大王宫附近的博瓦廊街（Galerie de Bois）第一个建起了这种走廊。然而这个廊街很快经营不善，于是变成了由芳登所设计的奥尔良廊街（Galerie d'Orléans）。1823 年，戈尔贝赫特（Colbert）的廊街建于附近，然后是 1826 年的维维安娜廊街 (Vivienne) 和维和－多达廊街 (Véro-Dodat)。维尔多拱廊街 (Verdeau)、全景廊街（the Passage des Panoramas）和王子廊街（des

① 一条很长的有顶通道，里面有店铺。——译者注

赎罪堂（八区帕斯奎尔路）的纪念活动，1835 年兰瑟洛·西奥多·图平德克里斯（Lancelot-Théodore Turpin de Crissé，1782—1859）绘制。7 月份波旁王朝复辟后，人们为纪念路易十六与玛丽王后举行了很多纪念活动。画面中央，在教堂的拱顶，是关于玛丽王后的一个群雕，这个群雕由乐默特（Lemot）开始，克托特 (Cortot) 完成。

上图 唐普勒大街的各种剧院的整体图，1862 年后被尤金王子路（Boulevard du Prince Eugène，即现在的伏尔泰路）所截断，由马歇尔 · 阿道夫 · 泊特蒙特（Martial Adolphe Potémont，1828—1883）所绘。唐普勒大街的这部分被戏称为“犯罪大街”。

下图 埃及官员穆默特·阿里（Mehmet Ali）在1826年送给查理十世一头长颈鹿，霍尔德前往普朗特花园（Jardin des Plantes）观看长颈鹿。

Princes）都位于盛大大道上。

塞纳河上，三条运河的建立构成了成熟的航运线路体系，乌尔克运河和圣丹尼运河都在1805年开工，在1821年才结束。圣马丁运河则是在查尔斯－爱德华·德维利尔斯（Charles-Edouard Devilliers）的指导下，由工程师塔步（Tarbé）和布赫蒙提耶（Brémontier）所建造，1825年11月4日由国王查理十世揭幕。水道的建立使得重的货物可以装载，从水路运出去，于是工业区沿着运河发展起来。

随着小区的这种行政划分在巴黎推广开来，这些小区根据近代的文化史，被赋予了很时尚的名字：香榭丽舍大街附近的弗朗索瓦一世区；欧洲区——这个名字来源于1824年的资产阶级。小区内，街道名字采用了如伦敦、阿姆斯特丹、维也纳、圣彼得堡等世界各大首都城市的名字；由烈士路、圣拉扎路和罗彻佛德路（Rochefoucauld）所划定的新雅典区的名字则是1823年由诗人阿朵夫·迪罗（Adolphe Dureau de la Malle）所起。艺术精英们在新雅典区聚集居住，他们的房子设计采用古代的元素。尤其是法国戏剧院的演员们——马赫斯夫人（Mme. Mars），杜克思诺瓦夫人(Mme. Duchesnois)，以及弗朗索瓦·约瑟夫·达尔马（François Joseph Talma），和画家欧哈克·维

赫勒（Horace Vernet）、保尔·德拉罗什（Paul Delaroche）一起，住在环达姆路（rue de la Tour-des-Dames）。作家大仲马（Alexandre Dumas）和乔治·桑（George Sand），作曲家波林·加西亚－瓦迪尔特（Pauline Garcia-Vardiot）都住在九区奥尔良广场上的房子里，这是 1830 年英国建筑家爱德华所建造的一处私人住宅区。

唐普勒大街上有非常多的剧院，覆盖了从 42 号到 48 号一直到共和国广场的中心的范围。由于剧院里上映的戏剧大多与谋杀、下毒或是刺杀有关，唐普勒大街的这一部分也被戏称为“犯罪大街”。1823 年弗里德雷克·拉迈特和（Frédérick Lamaître，1800—1876）在朗毕可米克剧院（L'Ambigu-Comique）上映的戏剧《阿德赫特旅馆》（*L'Auberge des Adrets*）中饰演强盗罗伯特这一角色而大获成功，而哑剧演员让－嘎斯帕德·德比霍（Jean-Gaspard Debureau）在剧院中饰演男丑角而大火。1847—1850 年，大仲马建立了自己的剧院——历史剧院，后来改为抒情剧院。在第二帝国期间，完美主义者巴伦奥斯曼（Baron Haussmann）拆掉了剧院林立的这部分唐普勒大街，以扩张共和国广场以及伏尔泰大街。然而，在大街的奇数边，因为位置在改建区的外围，有一个剧院还得以保存至今——德哈则剧院（Théâtre Déjazet），现在位于三区唐普勒大街 41 号。

查理十世不顾选举中选民的倾向，于 1830 年 7 月 26 日颁布了四部法令，禁止出版自由，出版物（如报纸和小册子）必须经审查通过，议会刚经选举就被解散，修改选举法以给予领地主更多的投票权，定在 9 月进行新的选举。这些立法导致了 7 月 27—28 日巴黎的起义，这次起义被称为七月革命（Three Glorious Days）。七月革命以查理十世在 1830 年 7 月 30 日签署废除之前立法的决议书而告终。然而，查理十世还是被迫退位，并于 8 月 16 日被流放英国。王权于是落到了奥尔良公爵的头上，也就是路易·菲利普。

1824年查理十世在罗浮宫画廊给艺术家颁奖的情形，由弗朗索瓦－约瑟夫·埃姆（François－Joseph Heim，1787—1865）所画。查理十世正站在画廊一角，由美术主管与博物馆主管陪在两旁。

1830 年 7 月 28 日在圣丹尼斯城门的战斗，由希波利特 · 乐康姆（Hippolyte Lecomte，1781—1857）所绘。在盛大大道上，王家卫队和起义军队相遇，在圣丹尼斯城门上，一个起义者挥舞着国旗，而其他人则往下面扔石头。

MAGNO

路易·菲利普

路易·菲利普（Louis Philippe），波旁家族的另一分支，是路易十四的兄弟奥尔良公爵的后代。1809年，他与玛丽·阿玫丽(Marie Amélie de Bourbon) 结婚。因为他在大革命中的角色，路易·菲利普被流放在外长达20年，直到1817年才终于重回法国。回到法国后，他恢复了爵位，获得了巨额财富，住进了重建的王宫，这位奥尔良公爵开始作为自由党反对派的发言人四处活跃。后来，在参议院和众议院的投票都通过的情况下，他于1830年8月7日对着宪章宣誓，成为法兰西国王——路易·菲利普一世。

巴黎的完美主义者朗布托（Rambuteau）对巴黎的公共建筑和道路网络进行了改善，以更便利百万居民在巴黎的出行。他建造了八座吊桥，建起了朗布托路（rues Rambuteau）、博斯路、路易·菲利普桥路等道路；1828年铁路的出现可以从圣拉扎站（Gare Saint-Lazare，1837年）、蒙帕那斯车站 (Gare Montparnassse)、奥斯特里茨车站（Gare d'Austerliz，1840）、北站 (Gare du Nord，1846)、东站 (Gare de l' Est) 和里昂车站 (Gare de Lyon，1849)，这些车站的相继建立中看出来。

1830年，路易·菲利普恢复了从1821年后就仅供宗教用途的先贤祠的市民功能，大卫·丹热（David d'Angers）在先贤祠的墙面上创造了大型浮雕《伟人的故乡》（*The Homeland Crowning Famous Men*）。国王也建造了一些建筑，但都随着之前的体制一起被夷为平地了。

玛德莲教堂（Church of la Madeleine）的建造开始于1755年，

国王路易 · 菲利普一世，法国国王，画中他正对着宪法宣誓。该画由弗朗索瓦 · 吉哈德（François Gérard）作于 1834 年。

一直到1845年才竣工。教堂建筑设计有古典神殿风格，一个很大的基座上是成排的52根科林斯大圆柱所环绕支撑，这种谨严大方的柱廊布局是由拿破仑选择，并委任给皮埃尔·维格农（Pierre Vignon）和让－雅克·胡夫（Jean-Jacques Huvé）所建造。教堂正面顶着三角形山墙，山墙浮雕是由菲利普·亨利于1833年完成的《最后审判图》（*Mary Magdalene at Christ Feet at the Last Judgement*）。在路易十八看来，这个倒下的女人象征着一个悲哀的法国。玛德莲教堂瑰丽的内部装修有很多让人惊讶的元素：如单独的一个中殿，从罗马温泉浴场借鉴而来三个拱顶结构。

玛德莲教堂位于协和广场的北面，和广场南部的波旁宫正相对。1806年，人们提议让这两个正面相对的建筑更加和谐，伯纳德·波耶特（Bonard Poyet）于是给波旁宫加了十二根柱子和一个柱子顶部的三角立面。1837—1841年，皮埃尔·维格农在三角形横楣上添加了大型浮雕《法兰西呼吁制定法律规则》（*France Calling Upon Its Rules to Make Laws*）。1828年，朱勒德罗利（Jules de Joly）为波旁宫建造了几间功能性的房间：一个图书馆，一个宽敞的会议室和一个接待室。

路易·菲利普打算在巴士底城堡拆除后一直空着的巴士底广场上，建一个“七月柱”——一个为纪念1830年7月27—29日“七月革命”期间牺牲的英魂的纪念碑。早在拿破仑执政初期，让·安东尼就曾计划（在巴士底广场）建造一个喷泉，以罗东德运河来供水，用大象做装饰，然而直到1808年，也只建成了石头底座。安东尼重新设计，将它改成了一个50.5米高的青铜柱，柱顶立着金翅自由神像，在柱身，则是由约瑟夫·路易·杜克（Joseph-Louis Duc）所刻上去的504名为国捐躯的烈士姓名，他们的骨灰被埋藏在柱子下面的地下藏室。

1840年，雅克－伊格纳斯·西多夫（Jacques-Ignace Hittorff）重建了被俄罗斯和英国军队毁坏的香榭丽舍公园，建起了柏油

上图 19 世纪上半叶，皮埃尔 · 让 · 玛黑 · 法里纳 (Pierre Jean Marie Farina) 所画的一家古龙水（Eau de Cologne）厂家的广告。

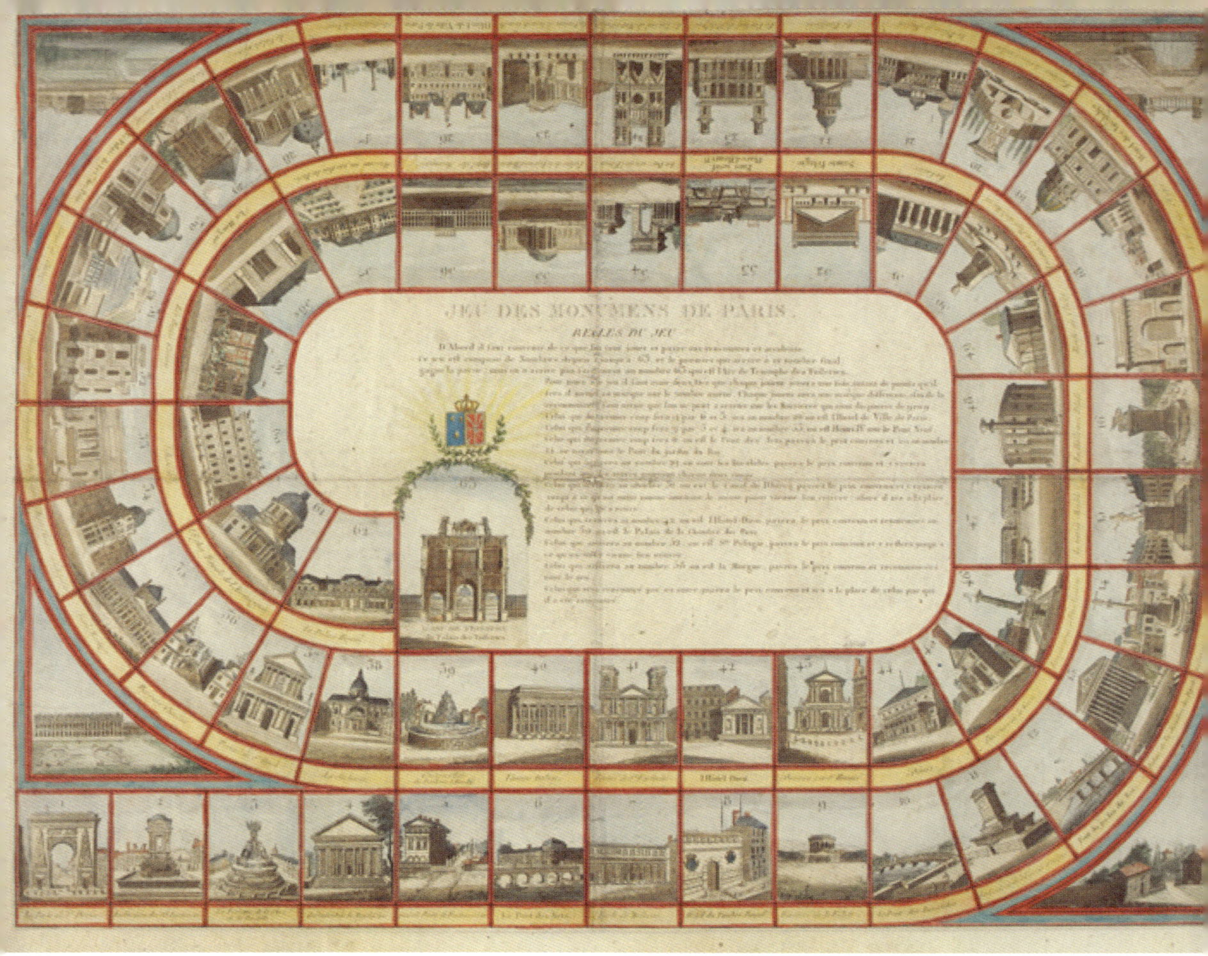

上图 根据 1820 年左右巴黎历史遗迹所构建的一项游戏——赛鹅图 (The Game of the Goose) ① 的一种变体，棋盘有 63 格，使用两个骰子。规则如下：

首先到达卡鲁塞尔凯旋门（Arc du Carrousel）的获胜，玩家不可以停在代表关税办公室的格子里（每九格）。玩家在一次掷骰子中掷出 9，即 6 和 3，则可以移动到第 26 格“市政厅”。如果掷出的是 5 和 4，则前往 53 格，在新桥上亨利四世雕像前方。任意一个玩家，如果第一次投掷就落在了第六格“艺术桥”，则必须支付定额的现金，然后前往第 12 格——淹没在“国王花园桥”下。而如果落在了第 19 格“荣军院”，则必须支付固定金额，并且停留一轮，直到另一个玩家两轮结束后，才能继续投掷。落在 31 格罗东德运河(Canal de l’ Ourcq)的玩家必须停在那里直到另一个玩家代替他被困，才能被释放。如果落在了 42 格“收容所”（Hotel Dieu），他必须回到第 30 格“巴黎内阁宫殿”（Palais de le Chambre des Paris）（即现卢森堡宫，参议院）。如果落到 52 格“圣帕拉奇监狱”（Sainte-Pelagie prison），那就必须待在这一格直到被另一个玩家解救。落到 58 格“停尸间”的玩家，必须立刻回到最初，重新开始。第一个玩家如果被赶上，必须放弃他现在的位置，回到第二个玩家原来的位置。

① 赛鹅图 (The Game of the Goose)，是出现于 16 世纪欧洲的掷骰游戏。通常使用两颗骰子，决定代表鹅的棋子的前进步数，途中若抵达某些特定格子有特定规定，以抵达终点为胜利。——译者注

路，添加了喷泉、阁楼和餐厅。他将河神喷泉（Fountain of the Rivers）、一个海神喷泉（Maritime Fountain）和代表巴黎几大城市的女性雕像等，装点在 1836 年竖立起来的卢克索方尖碑（Luxor Obelisk）周围，给协和广场增添了色彩。广场上还有宏大的古战船船头纪念柱 (rostral column)，以船首图案装饰，是巴黎城的象征，纪念柱里设计有燃气照明装置。

凯旋门在 1836 年才竣工揭幕，拱门上装饰着各式浮雕，包括弗朗索瓦・吕德（François Rude）的大作，颂扬共和国和帝国军队的《马赛曲》（*La Marseillaise*）。30 场主要战役的胜利，150 场战斗的名字和 660 名法国英雄的名字都被刻在了凯旋门上。1840 年 12 月 15 日，拿破仑的遗体运回法国时，它全部的象征意义得以圆满。

拿破仑的棺椁由 16 匹佩戴着黄金装饰的马护卫着，缓缓驶过凯旋门，走过香榭丽舍大街，穿过协和广场，最终到达荣军院。拿破仑的墓地位于图伦纳残骸与沃邦的中心位置，拿破仑将其改成了这个神殿，以纪念法兰西光荣的军事历史。

1840 年的东部危机促使路易・菲利普建起了 34 千米长、140 米宽的蒂埃尔城墙（Thiers enceinte），以巩固巴黎防卫，这个城墙竣工于 1846 年。由于经济危机，共和党人举行了一系列筹措资金的宴会以争取普选，为规避不可公众集会这道政令，这些集会都以晚宴的形式举办，于是帝国体制再次崩溃。1848 年 2 月 22 日和 23 日的声明引发了第二天的起义，然后路易・菲利普被迫退位。1848 年 2 月 25 日，法国恢复共和国制度。

上图 1848 年的一幅彩色版画。1837 年 8 月 24 日，法国的第一条铁路——巴黎到圣日耳曼铁路的揭幕仪式，由于存在危险，由王后阿玫丽揭幕。

DOM SVB INVOC MAGDALENAM

玛德莲教堂的印刷画，由 P. 百诺瓦斯特（P.Benoist）和 J. 贾克特（J.Jacottet）所作。

上图 巴士底广场一景，由阿方斯·特斯塔德（Alphonse Testard）作于 1840 年。七月柱顶上的自由神像右手手持“文明之火”的火炬，左手手持毁坏了的独裁锁链。

拿破仑灵柩回星辰广场[1]的场景，由西奥多·让（Théodore Jung）所作。当灵柩经过的时候，人们受到很大触动。

① 凯旋门所在的戴高乐广场，原名星辰广场。——译者注

1848年2月24日，巴黎王家宫殿广场上的战火，由尤金－亨利－阿朵夫·哈格诺尔（Eugène-Henri-Adolphe Hagnauer）所绘。战斗区域很大，士兵的营房和几架宫廷马车被烧。第二天，路易·菲利普退位。

拿破仑三世的大巴黎

右图 1847 年 12 月，《风景画报》(*Magasin pittoresque*) 刊登的四层巴黎房子的截面图。
底层是门房的房子，门房也可以作为一个裁缝。第一层是一个奢华的沙龙，正在开展一场舞会；第二层，一个女人正在看护她生病的孩子，孩子的父亲在弹钢琴，而孩子的哭声打断了他的灵感；第三层，一个画家被突然闯进他画室的男人惊吓住了；最顶层，一个女人正在她的阁楼上做着缝纫。

MAGASIN PITTORESQUE. 401

libre, aucun coin de son étroit foyer ne peut le défendre des regards étrangers. Quiconque passe a le droit de tourner le bouton de sa porte et de le forcer à répondre. Serviteur de cinquante volontés, il faut qu'il satisfasse à toutes. On lui demandera tour à tour compte des lettres reçues et de celles qu'on attend, des visiteurs accueillis ou renvoyés, des réclamations au propriétaire, des gênes du voisinage ; et s'il oublie, s'il se fatigue, un essaim de plaintes s'élève ! C'est le seul

(Dessin de M. Karl Girardet.)

由于陷入经济危机，第二共和国临时政府在 1848 年 2 月 26 日设立国家工场（National Workshops），以提供 15000 个工作岗位。4 月 23 日，法国第一次举行了以普选为基础的选举，选举结果是出现了绝大部分保守派代表。由于工场没能实际提供 12000 个就业岗位，这些代表在 6 月 20 日关闭了工场。国民工场的倒闭直接引发了饥民的暴动，但是这些暴动被路易－欧仁·卡芬雅克（Louis-Eugène Cavaignac）血腥镇压。据报道，在 6 月 23—26 日，就有 4000 名起义军以及 1600 名军人死亡。

夏尔·路易-拿破仑·波拿巴（Charles Louis Napoléon Bonaparte），路易·波拿巴（Louis Bonaparte）[1] 与奥坦丝·德·博阿尔内（Hortense de Beauharnais）[2] 的第三个儿子。这个 40 岁的男人站在宣扬他作为叔叔拿破仑一世的继承人身份的旗帜下，参与了总统选举。1848 年 12 月 10 日，他被普选为四年一任的总统。1851 年 12 月 2 日，他发动了一场武装政变，从而他的任期延长至 10 年。这场政变在 21 日由公投被认可。1852 年，共和国又举行了一次公投，在 7 824 000 票赞成 253 000 票反对的情况下，这位王子总统夏尔·路易加冕成为拿破仑三世。1853 年，他和欧仁妮·德·蒙蒂若（Eugénie de Montijo）成婚，欧仁妮皇后给他生了儿子欧仁·路易·拿破仑（Engène Louis Napoléon）。

1852 年 2 月，这对皇家夫妇搬去了杜勒丽王宫，这加速了亨利四世之前的一项将罗浮宫与杜勒丽王宫连起来的工程，海克特·拉菲尔（Hector Lefuel）将路易·图利乌斯·约阿希姆·维斯康蒂（Louis Tullius Joachim Visconti）的设计付诸实施，但是他添加了很多新文艺复兴风格的装饰。然而，就在这项工程完工不久，杜勒丽王宫就在 1871 年 5 月 24 日毁于一场大火。1883 年，杜勒丽宫剩下的地基也被夷为平地，于是这座在历史上举足轻重的宫殿就这么永久地被拆除了。

受到圣西蒙（Saint-Simon）的影响，拿破仑三世认为经济是社会发展的引擎。他鼓励工业、农业和贸易，采取措施促进生产力的提升，兴办大型公共建设工程，通过这些手段，他希望能够提升普通居民的生活水平，实现社会改革。他成立了一家国家抵押贷款银行——法国抵押贷款基金（Crédit Foncier），这家银行大大加快了巴黎的现代化建设。

拿破仑三世在 1848 年重启了之前中央市场的扩建工程。1851 年 9 月 15 日，这个工程由拿破仑三世象征性地落下了第一块基石，

① 拿破仑的弟弟。——译者注

② 拿破仑的继女，约瑟芬王后与前夫所生的女儿。——译者注

维克特·波尔塔德（Victor Baltard）在中央市场用石块、砖块、生铁和玻璃等建造了10座楼阁。尽管遭到很大的反对，这些阁楼还是毁于1971年。

1851年，雅克·伊格那克·西多夫（Jacques Ignace Hittorff）建造了冬季马戏场。他用20个边的多边形结构建造了一个圆形剧场和画廊，可容纳3900名观众。这个剧场用外面镀锌的木头为主体建材，所以整个结构很轻，天花板是一个彩绘的古典雨棚式棚顶。剧院的设计受到古希腊建筑风格的影响，各式的骑马雕像、丰富的内部设计，以及绚烂的色彩构成了一幅整体和谐的场景，这些都为剧院的演出增添了效果。

1853年，拿破仑三世任命细致高效的乔治－欧仁·奥斯曼（Georges-Eugène Haussmann，1809—1891）作为塞纳河行政长官。他还被委任负责城郊市政建筑的合并工作，奥斯曼设计了一整套改善巴黎卫生状况的交通水道网。1872年，他建立了巴黎的饮用水和污水下水道网络（总长度600千米）。他还建造了一个中间稍稍拱起，两边有排水沟和人行道的道路网，这种结构有助于街道清洁。

1855年，拿破仑三世组织了世界博览会，维多利亚女王也参加了这次博览会，代表法国杰出艺术的巴卡拉、塞夫勒（Baccarat，Sèvres）和哥白林厂制作的精美奢侈品，齐聚圆形展厅展出。博览会共展出了来自28个国家的5000种画作，500万人次的观众参观了安格尔（Ingres）和德拉克洛瓦（Delacroix）的画作，还有一些英国画家的水粉画。

1870年，当时已长达20000千米的铁路系统，每年可搭载1.1亿人次乘客、4500万吨货物，铁路和火车站仍然在进一步发展，火车站此时已经被视为巴黎的新大门。

巴黎北站由西多夫所设计，建于1861—1866年间。西多夫设计了一个很宽敞的石制大厅，辅以石头立面，再加上各种女神雕像，

RÉPUBLIQUE FRANÇAISE.

Liberté, Egalité, Fraternité.

Conformément au Décret du Gouvernement provisoire de la République, du 25 Février 1848, par lequel il adopte les trois couleurs, disposées comme elles l'étaient pendant la République, le Délégué du Gouvernement provisoire au Département de la Police, ORDONNE à tous les Chefs des Monuments Publics, et, en leur absence, aux Concierges desdits Monuments, d'y arborer de suite un drapeau, de la plus grande dimension possible, portant les couleurs ainsi placées :

Bleu, Rouge et Blanc ;

de telle sorte que, le BLEU tenant à la lance, le ROUGE soit au milieu et que le BLANC flotte.

Le Délégué de la République au Département de la Police,

Paris, le 27 Février 1848. CAUSSIDIERE.

左图 1848 年 2 月 25 日，法兰西共和国的一道法令，法令表明临时政府决定采纳三色旗作为国旗。

1848 年革命期间，起义者在市政厅竖起了红色的旗帜，这意味着不再使用路易·菲利普在位期间被重新启用的三色旗，然而阿尔方斯·德·拉马丁（Alphonse de Lamartine）坚持用三色旗。他说：“三色旗已经作为帝国和共和国的象征，出现在世界各地，而红色的旗帜不过是在战神广场，代表人民的鲜血。”1789 年 7 月 17 日，三色象征的出现很是传奇：路易十六和巴黎市长贝利以及拉斐特将军会面，作为和解的信号，他系了一条代表巴黎的红蓝色丝带，配上一个白色的帽章。三色帽章就从那时开始被采用。

公众对于三色旗的庆祝始于 1790 年 7 月 14 日战神广场。由雅克·路易·大卫（Jacques Louis David）设计的三色旗帜在 1794 年的一项政令中变成了国旗。“天幕，就像国旗一样，由三种代表国家的颜色构成，这三种颜色会以等宽的条状分布，蓝色会在外面，白色在中间，红色在最里面。”

这些雕像代表了巴黎、阿拉斯、里尔以及欧洲的各大首都，如伦敦、维也纳以及布鲁塞尔。

当时，3.3 米高的农业部城墙是巴黎城的边界，蒂埃尔城墙（Thier）就建在农业部城墙的 1—3 千米外，这个结构将一些行政区如奥特伊（Auteuil）一分为二，又把一些其他的城区如美丽城包含进了巴黎，结果创造了一块不好管理的区域：分属二十四个区的 364 000 人被迫生活在两道城墙中间的范围，拥挤不堪。

1859 年 11 月 3 日，拿破仑三世颁布法令，将城墙之间的区域吸纳进巴黎城。帕西（Passy）、奥特伊、巴蒂尼奥勒 – 蒙梭（Batignolles–Monceau）、蒙马特、拉沙贝尔（La Chapelle）、拉维莱特（La Villette）、美丽城、夏河内（Charonne）、博西（Bercy）、沃吉哈赫（Vaugirard）、格勒纳勒（Grenelle）以及十三个行政区的部分地方被划入了巴黎，蒂埃尔城墙成为巴黎的新边界——“大巴黎”。大巴黎划分为二十个区。在被拆毁的农业部城墙的原址上所建的圆形环路则划定了“老巴黎区”。

19 世纪欧仁·拉米所作的一幅水彩画，画中描述的是杜勒丽王宫的一次正式接待，拿破仑三世和欧仁妮皇后在杜勒丽王宫钟楼的元帅画廊（Maréchaux）中。这个钟楼现在已不复存在。

维克多·吉尔贝特（Victor Gilbert）1880年所画的中央市场，商贩们有固定的铺位，中央市场与一区的圣厄斯塔什教堂（Saint-Eustache）相连。

Victor Gilbert

下图 1855 年巴黎世博会纪念品的印刷彩画，由朱力·卡斯特（Jules Chaste）同年所作。各种青铜、水晶以及黄金材质的工艺品在工业宫（Palais de l'Industrie）展出。

ITALIE
FRANCE

拿破仑三世公寓中的盛大角落画廊，由勒斐尔（Lefuel）设计，1861年2月揭幕。1871年到1989年，这个画廊长期被财务部占据。这个画廊位于罗浮宫，俯视着里沃利大街。

L. D., Paris.

十一区阿梅罗路（Amelot）110 号的冬季剧院，于 1852 年 12 月 10 日开业，剧院提供杂技、空中飞人、哑剧、马术等表演。这个剧院自 1934 年起就由布伦家族经营。

下图 1850 年左右的巴黎北站，由夏尔 · 里维埃 (Charles RIvière) 所作的彩色印刷画。巴黎北站和东站之间由马真塔大街相连（Magenta）。

奥斯曼男爵的成就

奥斯曼男爵运用前沿的法律手段来改造巴黎。他在征地上，毫不迟疑诉诸法律，并利用公共贷款集资改建。奥斯曼的首要目标是改善巴黎的卫生环境，提高交通便利度。

巴黎市中心的西岱岛和夏特莱广场（Place de Châtelet）人口极为密集，平均每公顷就有1000个居民。1832年、1848年和1853年的流行病暴发时，居民大批死亡。这片区域到处都是破旧的房子，这些房子阻碍了中世纪风格的巴黎左岸与繁荣的右岸的联系，使得右岸不断往东发展。

奥斯曼几乎完全拆毁了西岱岛的建筑，仅仅保留了几座房子。他建起了慈恩医院（Hôtel-Dieu，主要的医院）、商业法院(Tribunal de Commerce)和西岱岛警察局（Caserne de la Cité）；并且在巴黎圣母院前面建了一个大广场。他还建了几座新桥，这些新桥以及宫殿大道（Boulevard du Palais）使得巴黎左岸和右岸的交通变得便利起来。

为了解决交通拥堵的问题，奥斯曼将赛巴斯托伯大道（Bd Sébastopol）和圣米歇尔大道相连，构成了一条南北轴线，与由里沃利路和圣保罗路所构成的东西轴线在夏特莱广场交会。在塞纳河岸，奥斯曼以帕尔米尔喷泉（Palmier Fountain）为中心改建了夏特莱广场，帕尔米尔喷泉重新放置在中间，并且辅以四个狮身人面像作为装饰。1862年，在广场的两边，加布里埃尔·戴维奥德(Gabriel

Davioud）建造了两个剧院：莎拉·伯恩哈特（Sarah Bernhardt）表演的城市剧院，以魔术表演著名的夏特莱剧院。

走过圣米歇尔桥就是巴黎左岸，同名的圣米歇尔广场被各种建筑物包围，十分和谐。加布里埃尔·戴维奥德所建造的圣米歇尔喷泉，展示着圣人和魔鬼相互缠绕的画面，牢牢占据着凯旋门正中央的位置。圣日耳曼大道，时而笔直时而蜿蜒，沿着圣吉纳维夫小山的斜坡而下，是连通左岸不同街区的辅路。

大路和街道异常宽阔，它们串起了巴黎的主要服务设施：车站、警察局、市政厅、市场、学校、医院和公园，往往交会于如戴高乐广场、阿尔玛广场和伏尔泰广场等宽敞的区域。为了便于外围的大区对东边开放，奥斯曼设计了一条由西蒙·玻利瓦尔路（Avenue Simon Bolivar）、比利牛斯山路（rue des Pyrénées）和米歇尔毕左路（Avenue Michel Bizot）构成的直达干线。

上图 赛巴斯托伯大道上的圣米歇尔喷泉，由菲利克斯·托尔尼（Félix Thorigny）所绘。圣米歇尔喷泉（巴黎左岸，六区）建成于1860年8月15日，喷泉背靠的建筑将右边的丹东路与左边的圣米歇尔大道分隔开。

连接司法宫（Palais de Justice）、夏特莱广场以及位于西岱岛的巴黎古监狱的兑换桥。夏特莱广场中心是帕尔米尔喷泉，在夏特莱剧院可俯瞰广场。

上图 八区圣奥古斯丁广场上圣奥古斯丁教堂的一景，据说教堂的地窖是为了当作拿破仑三世及其家族的陵墓而建的。

从 1862 年开始，戴维奥德接连完成了一系列大型的工程，圣马丁运河水位下降了 5.5 米（有些部分已经断流）。他设计了在覆盖住圣马丁运河的理查德·勒努瓦路（rue Richard-Lenoir）上建造花园。1859 年，他对共和国广场做出了调整，在广场上增加了狮子形状的喷泉，并在维西尼兵营（Vérines Barracks）的对面建立了赫尤尼百货商店。

奥斯曼男爵修建了 90 千米长的新公路，街区被重新分布，20000 所房子被拆毁，新建了 43700 座房子。新建的房子在高度、屋顶式样、窗户和阳台上都有一定限制。污秽地区的居民被迁往东边的工业区居住，然而，拿破仑三世拨出一部分资金，以在罗什舒阿尔路 58 号（58 rue Rochechouart）以及狄德罗路 64 号（64 Boulevard Diderot）建造工人住房。

奥斯曼按照传统的建筑设计原则，从一个历史建筑出发画一条轴线[1]，如塞巴斯托波大道（Bd de Sébastopol）一直延伸到巴黎东站终止。对于重要建筑则需要建一条宽阔的大街直达，比如维多利亚大街一直通向市政厅。为掩盖住马勒泽布路（Bd Malesherbes）的弯曲，维克特·波尔塔德在 1860 年建造了圣奥古斯丁教堂，石头和钢铁结构，80 米高的穹顶，以及兼而有之的风格，这些结合起来，使这个建筑成为这片居民区的旗帜店。

1862 年，拿破仑三世（Napoléon III) 在歌剧院路建起了一栋壮观的抒情剧院（lyric theatre），剧院外围是科林斯柱式结构。这个由夏尔·加尼叶（Charles Garnier）所建造的歌剧院，使用了石块、大理石、花岗岩的不同建材，颜色上采用青铜色和彩色马赛格结合的风格，极致奢华优雅。

福煦大街（Avenue Foch）的建造连通了巴黎和布涅格森林（Bois de Boulogne），这是由让 - 夏尔·阿尔弗兰德（Jean-Charles Alphand）所建造的英国式风格的一条街道——蜿蜒的小径、点缀

① 巴黎的道路呈放射状，一个中心建筑（如凯旋门）周围放射出很多条大道，不像中国方格式的设计。——译者注

上图 1862 年约安 · 蒙格 · 卡尔福豪斯（Johann Mongels Culverhouse）所画，
图中拿破仑三世和皇后正在布涅格森林里溜冰。

着水景、餐厅和动物园。这个风格非常成功，拿破仑三世要求阿尔弗兰德在文森森林（Bois de Vincennes）再重建一条。公共区域开始转变成了绿色园地，如蒙索、蒙苏里、肖蒙山丘（Monceau，Montsouris，Buttes Chaumont）等公园，以及 24 个广场，广场上布置有喷泉、凉亭、广告栏、街灯，由三车道的大路连通。

1867 年的世博会吸引了 1500 万名观众，人们期待在大的展览宫殿里见到各式主题展览，展览可以是食物、日常用品、衣服、家具、艺术品以及工业品。这次世博会标志着拿破仑三世统治的巅峰时期，之后他的统治变得岌岌可危，普法战争[①]爆发后，拿破仑三世被迫退位。

1870 年 9 月 20 日，拿破仑三世在色当会战（Sedan）中失败并被捕，这标志着法兰西第二帝国的轰然倒塌。退位后的拿破仑三世被流放至肯特郡的契兹尔赫斯特（Chislehurst，Kent），他 1873 年病逝于此。尽管这些戏剧性的事件给拿破仑三世的政绩留下了阴影，但在他授意下由奥斯曼男爵对巴黎城如此大刀阔斧的改造确实奠定了如今巴黎城的大部分基础。

上页图 1875 年巴黎歌剧院开幕仪式，由让 – 巴普斯蒂特 · 得德耶（Jean-Baptiste Detaille）1878 年所画。建筑师夏尔 · 加尼叶正在迎接伦敦市长，阳台在两层楼梯上面高高悬挂着，剧院观众可以边观看边交谈。

① 拿破仑三世发动的针对普鲁士的战争。——译者注

活力巴黎（1800—1870）

随着 19 世纪的不断向前发展，巴黎作为一个商铺、剧院、餐厅和咖啡馆林立的首都城市，艺术及知识气息浓郁。店铺往往满是新上架的衣服，顾客可以自由进入，并不一定非要买东西。

1800—1850 年，这种商铺在巴黎猛地多了起来。这包括了二区维维安路 2 号的“大科尔伯特店”[①]，二区蒙马特路 170 号的“巴黎城市店”，九区香榭但丁路的“科林斯之围店”，店名出自一部罗西尼歌剧；这些店铺提供不同季节不同材质的衣服、杂货、家居装饰。在第二帝国期间，百货商场开始出现，百货商场被艾米丽·祖拉称为“现代商业的天主教堂”。1852 年，阿里斯蒂德·布西科 (Aristide Boucicaut) 和贾斯汀·维多（Justin Videau）一起创立了位于七区赛夫路（rue de Sèrves）的百货商场（Le Bon Marché），这就是左拉的小说《妇女乐园》（*The ladies'Delight*）灵感来源的那家百货商场。

沿着盛大大道，一直开到深夜的咖啡店吸引了大批游客。大仲马、埃德蒙德兄弟、茹尔·德·龚古尔（Jules de Goncourt）和雅克·奥芬巴赫（Jacques Offenbach）常常流连于九区意大利路 20 号的哈迪咖啡店（后来的多黑咖啡馆，La Maison Dorée）。意大利大道 22 号的托尔托尼咖啡馆（Café Tortoni）因在店里出售的冰冻果子露而出名。这个咖啡馆位于意大利剧院（Théâtre Italien）正对面，就在位于二区布瓦尔迪约广场（Place Boieldieu）的喜歌

① 由于这一段店铺名和地名太多，并且是当时的店铺名，为了不影响阅读，故而不附上长段的英语店铺及地址名原文。——译者注

剧院（Opéra — Comique）旁边，因而占尽地利。焦阿基诺·罗西尼（Gioachino Rossini）[①] 的作品《阿尔及尔的意大利女郎》（*The Italian Girl in Algiers*）和《塞维利亚的理发师》（*The Barber of Seville*）就分别于 1817—1819 年在意大利歌剧院上演。

左图1816年宣传《波尔米卡舞曲》（*La Vie Parisienne*）的海报，由朱力·切列特（Jules Chéret，1836—1932）所绘。《波尔米卡舞曲》是一部喜剧，剧本由亨利·梅阿克（Henri Meilhac）和卢德维克·哈雷（Ludovic Halévy）所作，音乐由奥芬巴赫作曲。

1824—1826 年间，焦阿基诺·罗西尼（1729—1868）是意大利剧院的音乐总监，也正是在意大利剧院，他创作出了在查理十世加冕礼上表演的《威廉·退尔》（*William Tell*）和《通往兰斯大教堂之路》（*The Journey to the Reims*）。1866 年，雅克·奥芬巴赫（Jacques Offenbach）[②] 在位于巴黎一区蒙庞西耶路（Montpensier）38 号的王家歌剧院（Théâtre du Palais-Royal）演出了《巴黎人的生活》（*Parisan Life*）。这部歌剧的最后一出在二区意大利路 13 号英国咖啡厅（Café Anglais）上演。英国咖啡厅开业于 1802 年，巴尔扎克和福楼拜常来这家咖啡厅。奥芬巴赫的作品《格罗什坦

① 焦阿基诺·罗西尼（Gioacchino Rossini，1792—1868）1792 年出生于意大利东部威尼斯海湾的一个港口城市佩萨罗，1868 年逝于法国巴黎。他生前创作了 39 部歌剧以及宗教音乐和室内乐。——译者注

② 雅克·奥芬巴赫（Jacques Offenbach，1819—1880），德籍法国作曲家。奥芬巴赫是法国轻歌剧的奠基人和杰出的代表。他面向大众，把舞台剧的传统、喜歌剧的形式、巴黎林荫路的活报演出与城市民谣相结合。——译者注

巴尔扎克在十六区巴尔扎克公寓的学习室，房间有一张胡桃木的桌子和路易十三式扶手椅。

大公爵夫人》（*The Grand Duchess of Gerolstein*）和《美丽的海伦》（*The Beautiful Helen*）在二区蒙马特路 7 号的爵士剧院（Théâtre des Variété）大获成功，这两部作品由女高音歌唱家霍斯坦斯·施耐德（Hortense Schneider）表演。

巴黎很幸运，得以拥有几个专门纪念十九世纪作家和画家的博物馆。这包括了维克多·雨果之家和巴尔扎克之家，浪漫生活博物馆，以及欧仁·德拉克若瓦（Engène Delacroix）博物馆。雨果（1802—1885）博物馆就位于四区孚日广场 6 号的建筑中，雨果 1832—1848 年租住于这里第二层的公寓。雨果博物馆收藏了雨果的家具、纪念品、手稿及美术作品。

《欧那尼》（*Hernani*）使雨果确定了他在浪漫主义运动中的领导地位。1830 年 2 月 25 日，《欧那尼》的首场演出就成为戏剧史上非常精彩的一笔：这一次首演被戏称为“欧那尼之战”，因为《欧那尼》的演出在观众中引起了极为冲突对立的反响。雨果在这个现在改为雨果博物馆的公寓里写出了《吕克兰斯·鲍夏》（*Lucrèce Borgia*）、《玛丽·都铎》（*Marie Tudor*）、《吕布拉斯》（*Ruy Blas*），和诗作《内心的声音》（*Interior Voices*）、《光和影》（*Beams and Shadows*）以及《灰烬的回归》（*Return of the Ashes*）。1845—1847 年间，雨果写下了《悲惨世界》第一篇草稿，1851 年 12 月 2 日，拿破仑三世发动政变后，雨果选择了逃亡。1856 年，雨果在根西岛（Guernsey）买下了奥特维尔公寓（Hauteville House），这成为他流亡时的居所，一直到 1870 年 9 月 5 日，第二帝国灭亡后，他才回到巴黎。

1840—1847 年间，奥诺雷·德·巴尔扎克（Honoré de Balzac，1799—1850）在十六区雷诺德（Raynouard）路 7 号避难，他住的公寓有五个房间和一个花园。他以管家路易·布赫诺的姓作为自己的笔名——布赫诺先生（Monsieur de Breugnol）。为了偿还债务，他不得不拍卖掉自己在赛夫的房子贾迪大厦（Mansion des

Jardies）。作为预防措施，他被分配了一个进入房子的密码。这个公寓在博通路（Berton）24 号另有一个入口，巴尔扎克可以从这个入口自由进出而思绪不受干扰。住在这个公寓期间，巴尔扎克创造出了《黑羊》（*The Black Sheep*）、《娼妓的奢华与穷困》（*The Splendours and Miseries of Courtesans*）和《贝姨》（*Cousin Bette*）等作品。

位于九区查普塔尔（rue Chaptal）16 号的浪漫生活博物馆主要陈列的是阿里·谢佛尔（Ary Scheffer）的画作。阿里·谢佛尔自 1830 年起就住在博物馆原址，一直到他去世。谢佛尔以好客而出名，他常常邀请罗西尼（Rossini）、李斯特（Liszt）和肖邦（Chopin）到家里来做客。他还邀请了小说家乔治·桑（George

Sand，1804—1876）来家拜访。今天，这个博物馆主要陈列谢佛尔的艺术作品、家具和珠宝。

从1857年起，一直到逝世，欧仁·德拉克洛瓦（1783—1863）一直住在六区福斯坦堡路（rue de Furstenberg）6号带一间工作室的公寓里。现在他的旧居已经变成专门纪念这位画家的欧仁·德拉克洛瓦博物馆。早些时候，为了完成他从1847年就开始接手的天使小礼拜堂的装饰工作，德拉克洛瓦搬离了他位于洛雷特的巴黎圣母院路（rue Notre-Dame de Lorette）54号的房子，住到了离圣叙尔皮斯教堂（Saint-Sulpice Church）更近的地方。他因疾病而变得身体脆弱，所以他想避免漫长的路程而集中精力完成这项工程，这个壮丽的装饰工程完成于1861年。

下图1843年4月3日，在蒙马特路174号巴黎城市大厦的一家新商城的开幕式，由夏尔·瓦尔特（Charles Walter）和夏尔·德·提尔丽（de Thierry）所绘的版画。这个时装店由普洛斯波（Prosper）、德香普和科林勒(Deschamps&Collinet）所开，1882年关闭。

欧仁·夏尔·弗朗索瓦·吉拉德（Engène-Charles-François Guérard，1821—1866）所绘的彩色版画，画中是意大利大道的托尔托尼咖啡馆下午四点的情景。咖啡馆在画中右方，位于九区意大利大街22号与泰伯特路2号的角落里。

RESTAURANT
CAFE DE PARIS
Nº19

雨果大厦（四区孚日广场）的雨果卧室，位于十六区维克多 · 雨果路 124 号，是雨果自 1881 年至 1885 年过世这段时间所住的卧室，后来被迁往雨果大厦重新布置。

三区和四区间的孚日广场的俯瞰图。孚日广场四周的房子始建于 17 世纪，在 19 世纪，广场上添加了四座由弗朗索瓦 · 朱利安 · 梅拉杰（François-Julien Ménager）所设计的喷泉。

巴黎公社

1870 年 9 月 4 日，在市政厅宣布法国恢复到共和国后，由特罗胥（Trochu）将军领导新成立的国防政府。

9 月 19 日，巴黎被普鲁士人[①]包围（普法战争失败后，普鲁士入侵法国），他们对巴黎的包围一直持续到 1871 年初。巴黎的防护城墙已经无法防卫 8000 米外的大炮，巴黎被大肆轰炸。

巴黎人度过了非常艰难的秋冬两季（由于被围），任何可以取暖的木材或者煤炭都无法取得，基本的食物供应也无法保障，小麦和肉类等食物早已用尽，人们不得不开始吃马肉，然后是狗肉、猫肉，甚至老鼠肉。动物园里的动物，如大象、斑马、野牛，还有熊，也不得不被杀死，充当食物。

1871 年 1 月 18 日，普鲁士国王威廉一世（Wilhelm I）成功统一德国各联邦，并在凡尔赛宫镜厅加冕称帝。第二天，特罗胥将军派出 10 万人尝试突破巴黎封锁，然而在布宗瓦（Buzenval）失败，5000 名士兵被杀。

2 月 12 日，法国在波尔多举行国民大会，代表们投票决定

① 普鲁士王国，是欧洲中部的封建国家。普鲁士王国崛起并统一除奥地利帝国以外的所有德意志邦国，建立了德意志第二帝国，所以普鲁士有时也是德意志帝国精神、文化的代名词。——译者注

签署停战协议。五天后，他们任命阿道夫·梯也尔（Adolphe Thiers）作为共和国的执政首脑。

2 月 26 日，梯也尔和朱尔斯·法夫尔（Jules Favre，外交部部长）在凡尔赛签订了初步的和平条约，5 月 10 日，重新签订《法兰克福条约》。德国首相俾斯麦提出的条件非常苛刻：要求法国在 3 年内偿还德国 30 亿金法郎的战争赔款，割让阿尔萨斯（Alsace）和北洛林（North Lorraine），法国军队退守卢瓦尔河[①]以北。巴黎人民视政府的这次投降为一种背叛。

1871 年 3 月 1 日，在撤出巴黎之前，德国军队象征性地踏上了香榭丽舍大街[②]。3 月 10 日，法国政府撤出巴黎，搬至凡尔赛宫，使“法国国民自卫军”（巴黎人民自发组织的武装部队）成为巴黎唯一的武装部队。为了解除巴黎的武装，梯也尔派出莱肯特（Lecomte）和托马斯（Thomas）两位将军统领自卫军，并试图取回自卫军之前藏在蒙马特和美丽城的 200 门大炮[③]。然而，凡尔

① 法国中部河流。——译者注

② 属于德法签订和平协议的一部分，德国人要求在和平协定里加入一条要让德国军队以凯旋仪式进入巴黎。引起巴黎人民极度愤慨。——译者注

③ 巴黎被围时，巴黎人民已准备好在德军进城后引发的武装冲突中与敌人血战到底。因此，在德军进入巴黎之前，依靠普通工人的协助，国民自卫军已经设法把一大批大炮保存在一些相对安全的地方。——译者注

赛的部队与国民自卫军统一战线，自卫军处决了被派来的两位将军，然后占领了巴黎市政厅，成立巴黎公社。巴黎公社在 3 月 28 日到 5 月 28 日期间统治巴黎。

就在 5 月 21 日到 5 月 28 日期间，法国政府镇压了巴黎公社。5 月 21 日，来自凡尔赛的部队从十六区的圣克劳德门攻入巴黎。巴黎公社的社员开始在巴黎放火烧毁多个建筑物：5 月 23 日，烧毁审计院和财政局；第二天，他们烧毁了杜勒丽宫和巴黎市政厅。公社也开始处决各种人员，5 月 24 日，巴黎大主教达伯埃阁下（Monseigneur Darboy）以及其他五位人质在十一区罗凯特路（rue de la Roquette）的大罗凯特监狱被处死。

5 月 26 日，巴黎公社在位于二十区豪克斯街上，被称为“人质别墅”的地方，处死了包括牧师和警察在内的 48 名人质。两天后，在拉雪兹神父公墓（Père-Lachaise）的公社墙，147 名公社社员被政府军队打败。这“流血的一周”导致 20000 人死亡、43000 人被捕。

在亚历山大·里跟提尔（Alexander Legentil）和休伯特·罗奥·德福罗瑞（Hubert Rohault de Fleury）的提议下，为纪念普法战争和巴黎公社，圣心大教堂（Sacré Coeur Basilica）被建了起来，

上页图 1871 年 5 月 23—25 日期间，照亮整个巴黎的那场大火的全景图，是艾米丽·德霍瓦（Émile Deroy）版画的一部分。

位于十八区巴里骑士路 35 号（rue du Chevalier de La Barre）。这个工程引起了极大争议，埃米尔·左拉（Émile Zola）尤其反对。建造圣心堂的资金都由私人捐款募集而来，巴黎主教吉伯特先生（Monseigneur Guibert）在圣丹尼斯殉难的蒙马特山上，也是巴黎公社期间的战斗前线处，为圣心堂提供了一块土地。1876 年，建筑师保尔·阿巴迪（Paul Abadie，1812—1884）开始了圣心堂的建造，这个工程由五位建筑师，奥诺尔·多梅（Honoré Daumet）、查尔斯·J.莱内（Charles J. Laisné）、亨利·波林 （Henri Rauline）、吕西安·玛格尼（Lucien Magne）和路易斯－让·于洛（Louis-Jean Hulot）一起完成。这个教堂是新拜占庭风格，1886 年 11 月 19 日揭幕。教堂外覆盖着从卢万河畔苏普（Souppes-sur-Loing）运来的石头，使其微微泛着白光。

CORPS LEGISLATIF

1870年9月4日，在国民大会的台阶上，宣布法兰西第二帝国灭亡的情景，由朱尔斯·迪迪埃（Jules Didier，1831—1892）和雅克·吉哈德（Jacques Guiaud，1811—1876）所画。

由信鸽传递的信息被阅读的场景，由朱尔斯·迪迪埃和雅克·吉哈德所画。巴黎被围期间，信鸽携带着数以百计的信息来维持巴黎与各省的交流，密信的信息被写成微缩字的大小，阅读时被放大投影到屏幕上。

上图 1870 年 11 月，一间杂货店门前的长队，由阿尔弗雷德 · 迪根（Alfred Decaen，生于 1820 年）和雅克 · 吉哈德所画。菲利克斯 · 泊丁杂货铺（Felix Potin）位于二区塞巴斯托波路 99 号（99 Boulevard de Sebastopol），画面上可以看到国民自卫队在街道上训练的场景。

I. POTIN

上图 杜邦当（Dupendant）作于 19 世纪的水彩画，画中是 1871 年国民自卫队藏在蒙马特山上的大炮和风车，梯也尔在 1871 年 3 月尝试让军队夺回这些大炮。

DUPENDANT

华莱士喷泉

理查德·华莱士爵士（1818—1890）在 1870 年继承了巴加泰勒城堡（Château de Bagatelle）以及堡内他父亲赫特福德领主（Lord Hertford）的艺术收藏。后来华莱士将这些收藏带到了伦敦，作为华莱士收藏展的一部分。1870—1871 年，在华莱士待在巴黎期间，他曾捐赠部分家产以资助军用救护车，在城区散发食物代金券，还为穷人提供燃料。为了感谢他的慷慨，梯也尔封他为男爵并任命他为维多利亚女王军团的司令官。在巴黎被围期间，意识到缺乏水源补给成为一大问题后，华莱士在 1871 年资助建造了 40 个饮水喷泉，这些喷泉由查尔斯·奥古斯特雕刻。

上图 理查德·华莱士爵士（Sir Richard Wallace）的画像。

位于十八区巴里骑士路 35 号的圣心大教堂。教堂竣工于 1919 年，教堂最高的圆顶和钟塔分别是 83.33米和 84 米，钟楼里的钟又被称为萨瓦钟(la Savoyarde)。

印象主义时代

1871 年 8 月 31 日，在国民大会中，众议院和参议院一同推举阿道夫・梯也尔成为法兰西第三共和国首任总统。梯也尔通过两次发行债券，成功募集到资金来赔偿 50 亿金法郎的战争赔款，使普鲁士军队在 1873 年 9 月 16 日提早撤退。然而，在那一年，保守的大部分人士更支持马沙尔・德・麦克马豪，麦克马豪计划以查理十世曾孙香堡伯爵（Comte de Chambord）之名复辟帝制。

1878 年，麦克马豪邀请 36 个国家来巴黎参加世博会，不过没有邀请德国和奥斯曼帝国。加布里埃尔・戴维奥德所建造的摩尔风格的卡德罗宫，是这个临时展会仅剩的遗迹。1879 年，大多数人支持共和国，麦克马豪于是辞职。

1879 年的大选中，儒勒・格雷维（Jules Grévy）成功当选，宣告了共和党人士在与保皇党的斗争中取得胜利。为使共和国在形式上更合法，议会搬离了凡尔赛宫，重新在波旁王宫建立议席。由鲁热・德・利尔（Rouget de Lisle）所作的《马赛曲》先被宣布成为法国官方歌曲，然后在 1795 年 7 月 14 日被宣布成为国歌。

7 月 14 日被选定为国庆日，以纪念 1789 年攻占巴士底狱的胜利以及 1790 年联邦庆典。每年的庆典是国家统一的游行，1880 年 6 月这项内容被列入法律，并与巴黎公社大赦相联系。

1870 年 7 月 14 日在共和国广场的庆祝活动围绕着一个石膏制的雕像进行，这个雕像是共和国的象征，当时只是临时雕像。真

共和国广场上的共和国雕像，该广场是三区、十区和十一区的分界线。

阿尔弗莱德·罗尔（Alfred Roll）1880 年所作的当年 7 月 14 日的场景。第一个国庆庆典是在共和国广场举行的。热情高涨的人们正包围着总统萨迪·卡诺（Sadi Carnot）或其他名人如马斯奈（Massenet）和祖拉（Zola）。

正的永久雕像竣工于 1883 年，由一个高台底座、12 个浮雕和一个象征着“自由、平等和友爱”的人物构成。蜷缩在投票所旁的狮子象征着普遍的投票权。雕刻有浮雕的基座上面，是一个青铜“共和国”女神像，她头戴桂冠和一个弗吉尼亚无边帽，身穿传统的议员宽袍，手拿象征和平的橄榄枝。

1871 年，在被焚毁的市政厅处建起了另一座更宽敞的建筑，由建筑师西奥多·巴律(Théodore Ballu)、爱德华·戴贝鲁特(Édouard Deperthes) 和让·加米耶·佛米格 (Jean-Camille Formigé) 设计。尽管他们复制了多米尼克·德·科尔托纳所设计的文艺复兴立面，这些建筑师新建了很多雕像，也重构了适合官方接待的内部设计。新的市政厅在 1883 年 7 月 13 日揭幕，富丽堂皇的沙龙则完成于 1887 年，沙龙中有很多纪念历史事件、街景的设计。

政府官员利昂·甘贝塔 (Léon Gambetta) 和朱力·费瑞 (Jules Ferry) 为进一步增强人们对共和国体制和价值观的认同感，大力主张面向所有人的普通教育[①]。1882 年 3 月 28 日通过的一项法律规定小学教育是义务的，第二年，一项新的法律同意设立第一所女子中学——六区的费内隆中学 (Lycée Fénelon)。

在政府的资助下，公共建筑如政府大楼和大学都在建筑里装饰纪念源自 1789 年的民主传统的绘画，如在 1885—1901 年，由亨利 - 波尔·纳诺 (Henri-Paul Nénot) 所建造的新索邦大学的大厅里，皮耶·皮维斯·德·夏凡纳 (Pierre Puvis de Chavannes) 创作了壁画《艺术与科学的圣木》(*The Sacred Woods of Arts and Sciences*)。

下页图 西奥博德·卡特航 (Théobald Chatran) 1904 年的画作。画中描绘了 1902 年 2 月 26 日，在先贤祠纪念雨果百年诞辰的活动的场景，总统菲利克斯·艾米利 (Félix Emile) 出席了这次活动。

与由官方画廊评估的学院派风格同时，30 名画家 1874 年在卡普西纳大道 (Bd des Capucines) 组织了一场独立的没有评委团的展览。展出的 165 张帆布画中，克劳德·莫奈所作的《日出·印象》被一位记者嘲弄为太“印象主义”。然而，包括保罗·塞尚 (Paul Cézanne)、古斯塔夫·卡耶博特 (Gustave Caillebotte)、埃德

① 与宗教教育相对应。——译者注

加·德加（Edgar Degas）、克劳德·莫奈、卡米耶·毕沙罗（Camille Pissarro）、奥古斯特·雷诺瓦（Auguste Renoir）、阿尔弗雷德·西斯莱（Alfred Sisley）在内的这群画家在1876年到1886年另外举行的7场展览期间，显然将“印象主义”坚持到底。这些印象派画家，再加上其他的印象派画家如爱德华·马奈（Édouard Manet）和文森特·凡·高，意在通过一种全新的绘画手法，瞬间捕捉光和影所带来的印象。或是画熟悉的人，或是画日常生活的物品，他们往往在帆布上画上厚厚的油彩，然后用碎片式的笔触一笔笔地点缀。

1885年6月1日，维克多·雨果以国葬礼仪举行葬礼，骨灰存放于先贤祠，这是先贤祠最后一次履行其市政功能。先贤祠里装饰着由劳伦·马科斯特（Laurent Marqueste）和安东·英夏倍（Antoine Injalbert）所雕刻的雕像，以纪念共和国的英雄们。

1887年，儒勒·格雷维辞职后，萨迪·卡诺（Sadi Carnot）当选为总统。他为1889年5月5日到10月31日举办的世博会，同时也是法国大革命一百周年纪念活动安排计划。世博会定于5月5日开幕，这是为了纪念1789年最后一次三级会议（Estates General）。1889年9月21日，共和国周年纪念日上，民族广场上竖立起了由朱力·达卢（Jules Dalou）所设计的雕像《共和国的胜利》（*Triumph of the Republic*）。

上图 阿尔弗莱德 · 西斯莱 1870 年所画的圣马丁运河一景。画家很好地抓住了平静的运河上，从多云的天空中射出来的光线。

上页图 1882 年季节公园（Jardin Zoologique d' Acclimatation）的门票，公园位于布洛涅森林里。
1860 年 10 月 6 日，拿破仑三世和欧仁妮皇后一起给季节公园揭幕，季节公园位于十六区玛阿特马堤 · 甘地路，是一个动物和季节公园。这个公园是由学者乔福瑞 · 圣提莱尔（Geoffory Saint-Hilaire）所提议建造的，他也担任季节公园王家基金会会长。季节公园中展出很多的植物（如香蕉树、红杉、橘子）以及源自各个国家的动物（如猩猩、犀牛、角马）。如今，这个公园成了一个植物园和游乐园。

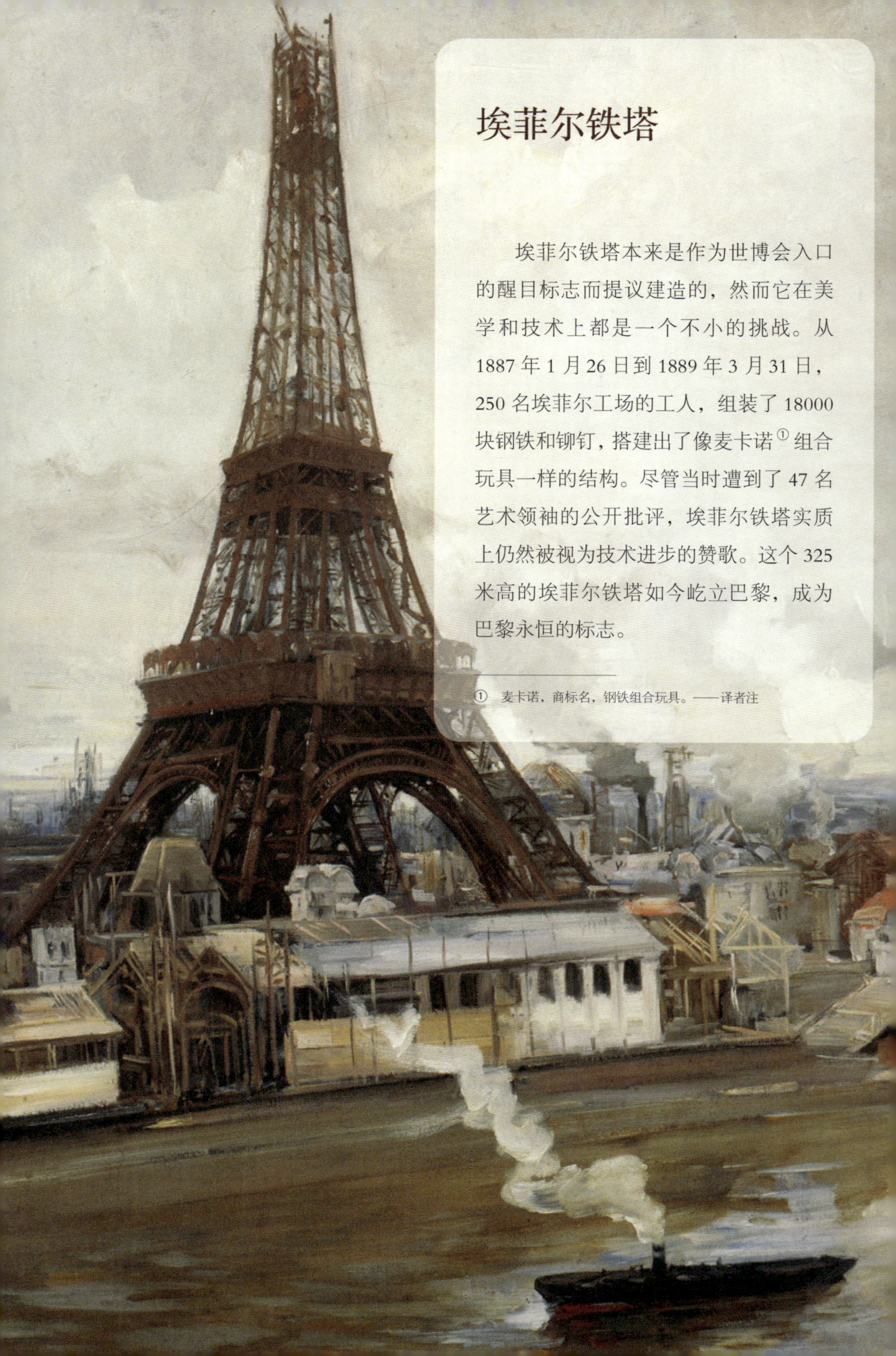

埃菲尔铁塔

埃菲尔铁塔本来是作为世博会入口的醒目标志而提议建造的，然而它在美学和技术上都是一个不小的挑战。从1887年1月26日到1889年3月31日，250名埃菲尔工场的工人，组装了18000块钢铁和铆钉，搭建出了像麦卡诺[①]组合玩具一样的结构。尽管当时遭到了47名艺术领袖的公开批评，埃菲尔铁塔实质上仍然被视为技术进步的赞歌。这个325米高的埃菲尔铁塔如今屹立巴黎，成为巴黎永恒的标志。

① 麦卡诺，商标名，钢铁组合玩具。——译者注

上图 卡普西纳大道的狂欢节，克劳德 · 莫奈作于 1873 年。

上页图 保尔 · 德朗斯（ Paul Delance ）1889 年所作，名为：《 埃菲尔铁塔和战神广场：世博会的建筑 》。

1889 年巴黎世博会的一张海报。

这幅全景图是东西走向的，左岸，埃菲尔铁塔位于塞纳河边战神广场的最北边。在铁塔的轴线上，位于中间的花坛和喷泉将东边收藏绘画与雕像的艺术宫 (Palace of Fine Arts) 与西边收藏人类学作品的人文科学宫 (Palace of Liberal Arts) 分隔开来。U 型多行业宫（Palace of Diverse Industries）的入口是一个圆顶，圆顶可俯瞰下面花园以及巴黎城市馆。机械画廊 (Gallery of Machines) 位于战神广场最末端，很多其他场馆则散落于埃菲尔铁塔底部。

在右岸，民族博物馆位于建于 1878 年的卡德罗宫 (Trocadero Palace) 中，其中的圆形大厅则作为节庆大厅安排。园艺产品展览，尤其是日本盆栽都安排在宫殿的花园中。殖民馆则被安排在荣军院广场，位于奥赛桥和格勒纳勒桥（Grenelle）之间。

美好时代（1890—1913）

新艺术运动，一场以阿拉伯花纹、花卉和植物花纹等图形为标志的艺术运动，在1890年到1905年间盛行开来。相应的建筑风格也发展起来，这也得益于1898年伊始，巴黎每年举办的最美立面[①]竞赛。1902年的法律放开了对立面高度和体积的限制，这给了建筑师们极大的自由，他们可以自由地给立面增加屋顶、弓形窗、装饰性的雕像等。克托尔· 吉马尔（Hector Guimard）在1898年获得了最美立面大赛的第一名，获奖作品是他的大作：位于十六区芳丹路14号（rue La Fountaine）的贝朗榭公寓（Castel Béranger）。1901年大奖由朱勒·拉维罗特（Jules Lavirotte）所获，他的杰作位于巴黎七区拉普大道（rue Rapp），建筑物外面是由陶艺大师亚历山大·比戈（Alexandre Bigot）所作的釉面涂饰。拉维罗特在1905年因八区瓦格兰大街的陶瓷酒店再次获得该奖项。

美好时代这段时间是卡巴雷餐馆[②]和有现场音乐表演的咖啡馆的黄金年代。位于九区和十一区蒙马特区的黑猫夜总会（Le Chat Noir）、红磨坊和狡兔酒吧（Le Lapin Agile）就是当时在巴黎极为繁荣的300多个类似场所的代表。

1881年，鲁道夫·萨里斯（Rodolphe Salis，1851—1897）在罗切克大道（Bd de Rochechouart）开立了黑猫卡巴莱餐馆，1885年他又在维克多马赛路12号（rue Victor-Massé）开了一家分店。尽管“黑猫”在两年后就倒闭了，然而从阿斯提德·布留安（Aristide

① 立面指建筑物外墙。——译者注

② 卡巴莱餐馆，指提供卡巴莱歌舞表演（一种简单布景的音乐剧表演）的餐厅。——译者注

上图 十六区芳丹路14号的贝朗榭公寓大门，由克托尔·吉马尔所设计，他也是巴黎各大地铁入口的设计者。建于1897年到1898年的贝朗榭公寓是新艺术风格的代表作。

Bruant）的歌曲首句“我从黑猫店来找寻一切出路”，可以看出“黑猫”当时的成功。

位于克里希路94号（Bd de Clichy）的红磨坊开业于1889年，老板是约瑟夫·奥列尔（Joseph Oller）和查理·兹德乐（Charles Zidler）。红磨坊外墙顶上是一个风车，由阿道夫·威力特（Adolphe Willette）所设计。红磨坊以康康舞[①]（French can-can）最为著名，由绰号“拉·古留”或者叫“贪婪者”的珍妮·阿弗莉（Jane

① 起源于法国的一种轻快粗犷的舞蹈，以高踢腿为代表动作。——译者注

欧仁 · 加利恩 · 拉罗（Eugène Galien-Laloue，1854—1941）所画的红磨坊。位于克里希路，以屋顶红色磨坊为标志（94 号）。

LE JOURNAL LE M
Le Peti
QUATRE MILLI

《小周刊》（*Le Petit Journal*）上关于 1900 年世博会小王宫的一张彩色海报，由 H. 梅耶（H.Meyer）所作。小王宫坐落于八区温斯顿 · 丘吉尔大街上，现在是一个博物馆，收藏着从古希腊时期到 18 世纪的文艺作品，以及 19 世纪法国的艺术作品。

Avril）表演。珍妮·阿弗莉所表演的康康舞激发了画家亨利·德·图卢兹－罗特列克（Henri de Toulouse-Lautrec）的创作灵感。

类似的，蒙马特区位于十三区洗衣船[①]广场（Place Émile-Goudeau，被诗人麦斯·雅各昵称为洗衣船）的艺术家工作室由画家胡安·格里斯（Juan Gris）和奥古斯特·贺彬（Auguste Herbin），雕刻家奥托·弗伦德里希（Otto Freundlich）和诗人皮埃尔·勒韦迪（Pierre Reverdy）所开设。1904—1912 年间，巴勃罗·毕加索（Pablo Picasso）曾偶尔待在那儿。正是在这个工作室，毕加索在 1907 年绘制了立体派风格大作《亚威农少女》（*Les Demoiselles d'Avignon*）。

1895 年 12 月 28 日，第一个在付费观众面前播放的大银幕表演，标志着电影的诞生，这是一项激动人心且前途无量的发明。在九区卡普西纳大道 14 号大咖啡厅的印第安沙龙里，33 名观众观看了卢米埃兄弟（Auguste and Louis Lumière）所拍摄的电影：《工人们离开里昂的卢米埃工场》（*Workers Leaving the Lumière Factory in Lyon*）、《火车进站》（*Arrival of a Train at a Station*）和《婴儿的晚餐》（*Baby's Dinner*）。

1900 年 4 月 14 日，巴黎第五次举办的世界博览会由总统艾米耶·卢贝（Émile Loubet）宣布开幕。为了举办这场盛会，接待慕名而来的 5100 万名观众，很多基础设施（火车站、地铁和一座大桥）被建造了起来。由维克多·拉卢（Victor Laloux）设计的奥赛火车站，和于斯特·里奇（Juste Lisch）设计的荣军院火车站都被建了起来。1895—1901 年间，马旦斯·都铎埃（Marius Toudoire）也对里昂站进行了翻修。

1897—1900 年间，工程师让·和桑（Jean Resal）和阿米迪·阿尔比（Amédée Alby）与建筑师卡西安－伯纳德（Cassien-Bernard）和加斯通·库增（Gaston Cousin）合作，建造了亚历山大三世大桥（Pont Alexander III），这座大桥连接了荣军院和香榭丽舍街区，

① “洗衣船”，这里当时是巴黎一些流浪艺术家的聚会所。——译者注

上图 红磨坊埃格朗蒂纳小姐（Miss Eglantine）剧团的一张海报，由亨利 · 德 · 土鲁兹 · 罗特列克（Henri de Toulouse-Lautrec，1864—1901）设计。1896 年，珍妮 · 阿弗莉（Jane Avril）邀请亨利 · 德 · 土鲁兹 · 罗特列克为她和埃格朗蒂纳、克利奥帕特（Cléopâtre）和加塞列（Gazelle）一起跳的四人舞画像。

右图 悬挂在黑猫店入口处的钢铁制黑猫标志，由阿道夫 · 威力特（Adolphe Willette，1857—1926）设计。黑猫店在 1881—1897 年营业，第一家店开在罗切克大道 84 号，后来又在维克多马赛路 12 号开了分店。

是为了纪念缔结俄法联盟的亚历山大三世而建。它在 10 月 7 日，由亚历山大三世的儿子，俄国沙皇尼古拉二世为建筑奠基。

在温斯顿·丘吉尔大街两边分别耸立着两座建筑：用来安放临时展的大王宫，以及作为市政博物馆的小王宫。大王宫建于 1896 年到 1900 年，由查理·吉哈特（Charles Girault）监督，艾伯特·卢浮（Albert Louvet）、亨利·德格兰（Henri Deglane）和艾伯特·托马斯（Albert Thomas）建造，由一个宽敞的玻璃和钢铁造的大厅。小王宫则建于 1897 年到 1900 年，建筑师队伍由吉哈特领头。

在整个世博会期间，罗丹（Auguste Rodin，1840—1917）在八区阿尔玛广场（Place de l'Alma）的一个阁楼里展出了 150 件雕像作品，这使他声名在外，欧洲、美洲的各大博物馆以及很多私人纷纷向他订购作品。罗丹把自己所有的作品都捐给了法国政府，其中包括《思想者》和《地狱之门》，他的艺术收藏，以及他位于七区瓦雷讷大街77号的房屋。现在他的房屋已被改建成了纪念他艺术成就的博物馆。

1913 年 1 月 14 日，位于九区罗什富科大街 14 号（La Rochefoucauld）的居斯塔夫·莫罗博物馆（Gustave Moreau）开业。自 1852 年到去世，印象派画家居斯塔夫·莫罗一直居住和生活在这里。博物馆里展出莫

下图 1901 年 7 月 4 日巴黎咖啡的晚餐菜单。
巴黎咖啡位于歌剧院路 41 号（巴黎二区），1878 年开业，1956 年关闭。19 世纪，由于每个客人需要的菜品不一致，之前被认为没必要的菜单变得流行起来。

上图 1909 年左右，“男人周”（Monsieur Weeks）出版的目录《时尚大师》（*The Master of Fashion*）中的几页，由费南德·杜桑特（Fernand Toussaint，1873—1955）设计。“男人周”位于九区安布瓦兹托马斯路 1 号（1 rue Ambroise Thomas），主要生产用于制作衣领、帽子和束腹的羽骨。“男人周”还委托西班牙艺术家费南德·杜桑特设计出版一本广告目录。画中，女人穿着长裙，腰部扎得很紧，这在当时很流行。20 世纪初，妇女会穿上紧身的束腹，束腹用压力将胃部和肾收缩，使胸部突出，以突现 S 形曲线。而“男人周”生产的羽骨韧性很好，极受拉佩路（rue de la PaiX）以及旺多姆广场时尚中心附近的女裁缝喜爱。

罗的艺术作品，他的作品中神话人物俄耳甫斯常常出现。

让·伯劳德（Jean Béraud，1849—1936）1900年左右的一幅画作，画中是帕坎时尚屋。帕坎时尚屋位于拉佩大街3号（二区），正面对着旺达姆柱子装饰的旺达姆广场。

亚历山大三世桥。

地铁

19 世纪 90 年代，巴黎建起了一套地铁系统，建筑师弗根斯·比安弗尼（Fulgence Bienvenüe，1852—1936）负责建造最初的 6 条线路。1900 年 7 月 19 日，巴黎地铁 1 号线正式开通。1 号线上共有 8 站，其中包括通向世博会一个入口的香榭丽舍－克列孟梭站（Champs Elysées–Clémenceau）。1900—1912 年间，吉马尔设计了地铁的入口，这些入口处布满长长的绿色金属藤蔓和红色的玻璃花朵，是新艺术的代表作品。

左图阿贝斯（Abbesses）地铁站入口（十八区阿贝斯广场），由玻璃槽顶盖做成的这个入口是由吉马尔设计的，一直到 1970 年还坐落于四区罗堡路（rue Lobau）前的市政厅地铁站。

战间期

1914 年 6 月 28 日，奥匈帝国皇储费迪南大公在波斯尼亚萨拉热窝视察时被刺杀身亡，导致了第一次世界大战爆发。8 月 3 日，德国对法国宣战。

8 月 30 日，在三枚炸弹被投向巴黎后，法国军队开始乘坐被征用的出租车奔赴前线。接着 9 月 6 日到 9 日，爆发了著名的马恩河战役（Battles of Marne），结果是英法联盟成功合力将德军逼退至阿登高地（Ardennes）。

战争期间，巴黎人民的食物、电力、煤炭都必须按配额供给，他们还遭受了西班牙流感的侵袭。人们忍受着战斗机的空袭，以

左图 1923 年一张明信片上的一辆马恩河出租车——编号 2862 G7。

及一门昵称为“贝尔莎大炮”的攻击。“胜利之父”乔治·克列孟梭（Georges Clemenceau）1919年6月28日签署了《凡尔赛条约》，终于给这场持续20年的灾难画上了休止符。

1919年4月19日，国民大会通过投票决议拆除蒂埃尔城墙，然而由于城墙周围长满草的建筑都被流浪者占据作为避难所，这项拆除工作进展非常缓慢。1922年，巴黎建造了第一处公益住房，配备有浴缸浴室、日间托儿所，以及盥洗室等设施和服务，并在元帅路（Boulevard des Maréchaux）建造了公园，原先的蒂埃尔城墙则由环形的宽敞街道所替代。

在茹尔当（Jourdan）大路，安德烈·奥诺拉（André Honnorat）在实业家艾米利·德意志·德·拉·默尔特（Émile Deutsch de la Meurthe）的支持下，1920年开办了西岱国际大学（Cité

上页图 让那·拉雯的卧室，由阿芒达伯·哈多（Armand—Alber Rateau）在1925年设计。蓝本是时尚设计师让那·拉雯位于七区巴贝德若依路（rue Barbet de Jouy）的房子，该房子毁于1965年。

左图《黑人歌舞》的海报，由保尔·科林（Paul Colin）在胶合板上绘制，画中约瑟芬·贝克（Josephine Baker）正在扭着臀跳查尔斯顿舞，微笑着宣传她的表演。

Internationale UnIversitaire）。西岱岛国际大学是一所国际学校，建筑风格仿照吕西安·贝斯曼（Lucien Bechmann）所建造的一个花园城市。这所学校园区占地34公顷，有37栋别致的建筑，有6000名来自120个国家的学生在此求学。

巴勃罗·毕加索（Pablo Picasso）、马克·夏加尔（Marc Chagall）、朱勒·巴斯金（Jules Pascin）和阿梅代奥·莫迪利亚尼（Amedeo Modigliani）等年轻的画家探索新的非自然艺术风格，立体画派（Cubists）、野兽派（Fauvists）、超现实主义（Surrealists）和巴黎画派（School of Paris）开始发展。自1900年开始，前卫的艺术家们在房价便宜的十四区拉斯帕伊路（Boulevards Raspail）和蒙帕纳斯路（Montparnasse）聚集。在丁香园（La Closerie des

上图 十六区马莱·史提文斯路 10 号（10 rue Mallet Stevens）的马尔泰酒店（Hotel Martel），由罗布·马莱·史提文斯（Rob Mallet-Stevens）所设计，建于 1924—1926 年。该建筑以围绕着圆柱形的很多简单立方块为特色。

Lilas）、圆顶（the Dôme）、穹顶（La Coupole）等咖啡馆，画家们和欧内斯特·海明威（Ernest Hemingway）、布莱姆·桑德拉尔（Blaise Cendrars）、让·科克托（Jean Cocteau）、路易·阿拉贡（Louis Aragon）、安德烈·布勒东（Andre Breton）等作家相遇，形成了一个举世闻名的世界级俱乐部。

巴黎人疯狂地爱上了爵士。爵士是“一战”后，由美国士兵带入巴黎的。爵士一时成了卡巴雷餐馆的风尚，如位于皮加勒广场 1 号的拉贝德西尔玛（L'Abbaye de Thélème）餐馆。著名歌剧《黑人歌舞》（*Revue Nègre*）由包括席尼·贝雪（Sidney Bechet）在内的十二位音乐家和舞蹈明星约瑟芬·贝克（Joséphine Baker）表演，在香榭丽舍剧院上演。

1925 年，为确立应用艺术的中心地位，巴黎举办了现代工业和装饰艺术展。纯几何线条和现代家具构成的胡尔曼（Ruhlmann）

的阁楼吸引了大批观访者。让娜·朗雯（Jeanne Lanvin）的卧室是就是这种疯狂的内部设计的典型代表。当时，因为可可·香奈儿（Coco Chanel）和玛德琳·薇欧奈（Madeleine Vionnet）的时装设计，巴黎成为世界时尚之都。接着，在1935年后，爱德华·莫林诺克斯（Edward Molyneux）和夏帕·瑞丽（Elsa Schiaparelli）变得有影响力。

巴黎的战后重建工作一直到1930年才开始，部分原因是政府首先对遭受战火破坏更严重的法国东北部地区进行了修复重建工作。在这段时间，很多官方建筑被建立，比如七区的海军部（Marine Ministry），由弗朗索瓦·勒克尔（François Le Coeur）所设计的电话局，六区的艺术考古会等。混凝土的引进使得建筑显示出了差异化，如十七区的圣奥迪尔教堂（Sainte-Odile Church），十三区的救世军避难所（Salvation Army refuge），十六区的勒·柯布西耶（Le Corbusier）别墅，和马莱·史提文斯路（rue Mallet-Stevens）的住房建筑等。1933年，经济危机逐渐加深，在一些如1934年斯塔维斯基事件（Stavisky Affair）① 等财务丑闻的推动下，人们对议会制度的反感情绪也在不断上升。1936年，人民阵线（Popular Front）赢得了4月和5月的选举。第三共和国历史上第一次，由里昂·勃鲁姆（Léon Blum）领导了一届社会主义政府。面临着史无前例的大比例罢工，勃鲁姆在1936年6月7日就玛提农协定（Matignon Accords）展开协商。这项法律引进了40小时工作制，2周的带薪假期，给了工人阶级极大的希望。然而，罢工导致意在展示现代艺术和科技的世界博览会的准备未能如期完成。1937年5月24日，截至博览会开幕的时候，场馆的水泥仍未完全干。

当年这场博览会如今仅存的只有位于存放当代艺术作品的东京宫（Palais de Tokyo）和夏悠宫（Palais de Chaillot）。夏悠宫建在原来卡德罗宫的旧址上，由里昂·阿泽玛（Léon Azéma）、

① 斯塔维斯基事件，1933年法国发生的政治事件。S.A. 斯塔维斯基是法籍俄国人，因长期从事投机诈骗活动，发行大量伪债券而暴富。1933年底事机败露，翌年初其诈骗和曾先后贿赂1200名政界人士的罪行被公之于世，成为轰动一时的丑闻。——译者注

上图 1936 年 7 月 14 日，巴士底广场上，里昂·勃鲁 姆（Léon Blum）、罗杰·萨朗格罗（Roger Salengro）和马塞尔卡池（Marcel Cachi） 等官员们站在看台上受群众欢迎拥簇的照片。

路易斯·希波吕忒（Louis-Hippolyte）和雅克·卡尔吕（Jacques Carlus）所设计。夏悠宫中心圆厅，由人权大道（Esplanade of the Rights of Man）覆盖，现已部分被毁坏。宫殿的两翼以两个阁楼为终点，如今两倍于原来卡特罗宫两翼的大小。现在殿内是海军博物馆——国家海洋博物馆（the Musée National de la Marine）和种族博物馆——人类博物馆 (Musée de l' Homme)，以及设计博物馆——建筑和工业博物馆（Cité de l'Architecture et du Patrimoine）。

在夏悠宫两翼的还有由尼尔曼兄弟（Niermans brothers）所设计的夏悠国家剧院，该剧院因演员和导演让·维拉尔（Jean Vilar）的表演而出名。宫殿的花园有池塘、瀑布和雕像装点，由罗杰（Roger Expert）所设计。

1939 年 9 月 1 日，在希特勒命令下，德国入侵波兰，撕毁《凡尔赛和约》。两天后，战争部部长爱德华·达拉第（Édouard Daladier）宣布对德开战，这是第二次世界大战的开端。

上图 1937 年世博会的一幅画，由爱德华 · 德旺柏兹（Edouard Devambez）所画。

1939—1969 年的巴黎

1939 年 9 月 1 日，德国入侵法国盟友波兰后，在 9 月 3 日，法国对德宣战。1940 年 6 月 14 日，德国军队长驱直入，攻占巴黎，迫使法国军队从巴黎撤退，德国由此宣告巴黎为“开放的城市”。由于华沙沦陷后，城市几乎被德国空军完全摧毁，而鹿特丹在投降德国后也无法逃脱被轰炸的命运，法国政府试图使巴黎避免此厄运。1940 年 6 月 22 日，法国在雷通代（Rethondes）与德国签署停战协议，宣告法国战败，第二天，德国总理希特勒造访巴黎。1940 年 6 月 10 日，贝当元帅（Marshal Petain）在维希（Vichy）被选为法兰西国家元首。

1940 年 10 月，对犹太人的迫害开始在巴黎出现：犹太人必须进行登记注册，从 1942 年起必须戴上黄色星星①，并被剥夺所有财产。大量对犹太人的攻击也开始出现，包括在 1942 年 7 月 16 日到 17 日冬季赛车场（Vélodrome d'HIver）的大围捕，这场围捕导致 13 000 名犹太人被押送往奥斯威辛集中营（Auschwitz）。一共有 50 000 名巴黎犹太人被驱逐然后送往集中营杀害。

尽管巴黎城充满着危险和压迫，为了坚持战斗，巴黎的抵抗从未停止。1944 年 8 月 19 日到 8 月 24 日，由于艾森豪威尔（Eisenhower）将军率领的盟军部队正奔赴巴黎，巴黎的反抗力量发起了一场起义。在与美国达成协议后，勒克莱尔（Leclerc）将军率领法国第二

① 黄星，又名犹太星（英语：jewish star。　德语：Judenstern），是在纳粹德国统治期间，在纳粹影响下的欧洲国家内的犹太人被逼戴上的识别标记。——译者注

左图 1944 年 8 月 26 日在夏尔 · 戴高乐广场庆祝巴黎解放的活动，照片中临时总统戴高乐将军正准备走向香榭丽舍大街。

装甲部队前去解放巴黎，1944 年 8 月 24 日，德罗纳（Dronne）上校所率领的一小股部队首先通过意大利门进入巴黎。

第二天，8 月 25 日，德国驻法长官肖尔蒂茨（von Choltitz）将军在警察总署签署了德军的投降书。8 月 26 日，法兰西共和国临时政府总统戴高乐走过香榭丽舍大街并在巴黎市政厅发表著名的讲话："惨遭践踏的巴黎！面目全非的巴黎！伤痕累累的巴黎！但是巴黎解放了！"

1946 年，戴高乐将军辞职后，第四共和国（1947—1958）成立，文森特 · 奥里奥尔（Vincent Auriol）1947—1954 年担任总统，接着是文森特 · 科蒂（Vincent Coty）1954—1958 年间。接着是法兰西第五共和国，首任总统则是戴高乐将军，1959—1969 年间执政。

历史学家们把从 1944—1974 年的时间称为"辉煌 30 年"，因为这段时间法国经济增长迅速，但是 1974 年的石油危机将这段黄金时期结束。为了缓解严重的住房短缺问题，巴黎开启了大批建筑工程。城市建筑条规更为宽松，城区建筑可达 30 米高，郊区则可以达到 37 米高，在一些建筑里甚至能达到更高。这使得建造更为迫切的、更为密集的建筑成为可能。

十三区于尔巴克路 31 号（31 rue Croulebarbe）的高塔有 67 米高，由爱德华·阿尔伯特（Edouard Albert）建造于 1960 年。从 1967 年后，一系列的高塔在周围被建造了起来，包括位于十五区的薄格瑞勒（Front de Seine，又名 Beaugrenelle）。

1963 年，戴高乐总统为位于十六区肯尼迪总统大道上的法国广播大楼揭幕，这个建筑是圆形结构，有一座 68 米高的塔楼。由于交通流量上升，开启了很多快线：1960 年建起的通往南方的高

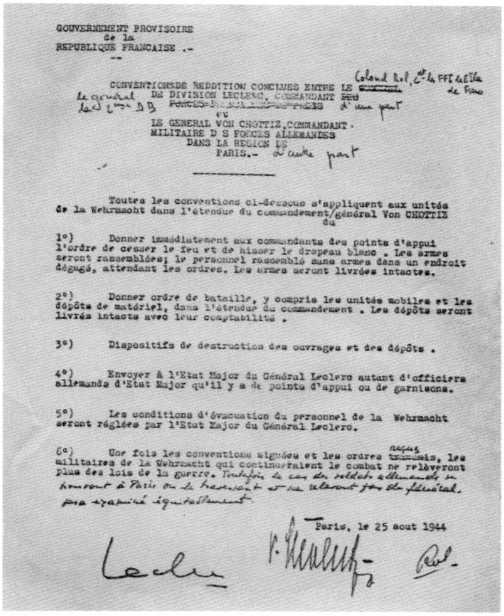

GOUVERNEMENT PROVISOIRE
de la
REPUBLIQUE FRANCAISE .-

CONVENTIONSDE REDDITION CONCLUES ENTRE LE
DE DIVISION LECLERC, COMMANDANT
d'une part
et
LE GENERAL VON CHOTTIZ,COMMANDANT
MILITAIRE D S FORCES ALLEMANDES
DANS LA REGION DE
PARIS.- d'autre part

Toutes les conventions ci-dessous s'appliquent aux unités de la Wehrmacht dans l'étendue du commandement/général Von CHOTTIZ du

1°) Donner immédiatement aux commandants des points d'appui l'ordre de cesser le feu et de hisser le drapeau blanc . Les armes seront rassemblées; le personnel rassemblé sans armes dans un endroit dégagé, attendant les ordres. Les armes seront livrées intactes.

2°) Donner ordre de bataille, y compris les unités mobiles et les dépôts de matériel, dans l'étendue du commandement . Les dépôts seront livrés intacts avec leur comptabilité .

3°) Dispositifs de destruction des ouvrages et des dépôts .

4°) Envoyer à l'Etat Major du Général Leclerc autant d'officiers allemands d'Etat Major qu'il y a de points d'appui ou de garnisons.

5°) Les conditions d'évacuation du personnel de la Wehrmacht seront réglées par l'Etat Major du Général Leclerc.

6°) Une fois les conventions signées et les ordres reçus, les militaires de la Wehrmacht qui continueraient le combat ne relèveront plus des lois de la guerre.

Paris, le 25 aout 1944

上页图 1944 年，“二战”期间，九区歌剧院广场上的德语标志。

左图 1944 年 8 月 5 日，德国驻守巴黎的长官肖尔蒂茨将军（Choltitz）签署的投降书。肖尔蒂茨将军在警察局台球厅签署了这项投降协议，同时签署协议的还有法国防卫武装的勒克莱尔将军（Leclerc）和亨利·卢瓦－堂吉（Henri Roi-Tanguy）上校。

下页图 藤田嗣治（Léonard Foujita）1958 年所画的一个小酒馆，画家画出了这个常常被学生光临的小酒馆的氛围。

速公路，1967 年右岸的高速公路，1956 年到 1973 年在蒂埃尔城墙原址上建起的环城大道。1962 年，面对这种城镇化带来的剧变，法国文化部通过了一项法令，以保护巴黎的历史城区：玛黑区和圣日耳曼区。

1968 年的“五月风暴”起始于 5 月 3 日的一场学生动乱。学生们在设置了路障的拉丁区发生暴动，反对法律及政令。他们首先占领了索邦大学，紧接着是巴黎的其他大学。5 月 13 日，这场暴动开始蔓延到其他阶层，很快演变成了一场使得全国瘫痪的大罢工。5 月 27 日，工会、各企业以及政府在七区格勒纳勒路 127 号的劳动局共同签署了著名的格勒纳勒（Grenelle）协议：提高最低工资，允许更多假期，这项协议使法国商业回归正常。

5 月 30 日，戴高乐总统下令解散国民议会，接下来的普选为戴高乐所在党派赢得了大量席位。1968 年 6 月 11 日，最后一晚的暴动使其所有努力都浪费了。第二年，在他就有关区域改革和参议院体制改革的提议被否决后，戴高乐总统辞职。

Foujita
1958

位于十六区肯尼迪总统大道上的法国广播大厦，由亨利 · 伯纳德建于 1963 年。

下页图 加尼叶歌剧院的天花板，由马克 · 夏加尔（ Marc Chagall ）所画。

上图 1968 年 5 月，在圣米歇尔大道上的路障，圣米歇尔大道与学院路相同高度。

上图 1968 年的一幅政治海报——名为“斗争仍将继续”。
这个海报 1968 年由巴黎美术学院工作室出品。这段时间出现了 500 多张政治海报，大多出自匿名作者，有极少数是由著名画家如让·艾利恩（Jean Hélion）和皮埃尔·阿列辛斯基（Pierre Alechinsky）所作。

热衷于建造的总统们

1969—1974 年执政的乔治·让·蓬皮杜（Georges Pompidou）总统，1974—1981 年执政的吉斯卡尔·德斯坦（Valéry Giscard d'Estaing）总统，1981—1995 年的弗朗索瓦·密特朗（François Mitterrand）总统，以及 1995—2007 年执政的雅克·希拉克（Jacques Chirac）总统，都十分热衷于在首都以命名博物馆和纪念碑的方式留下自己的印记。

1969 年，乔治·让·蓬皮杜总统任命理查德·罗杰斯（Richard Rogers）和伦佐·皮亚诺（Renzo Piano）在第四区圣马丁街道（rue Saint Martin）102 号设计一座领先的多元文化机构——蓬皮杜中心（the Centre Georges Pompidou)。建筑师们提出采用巨型麦卡诺模型①的概念。如今屹立的建筑物正是蓬皮杜中心，内有现代艺术博物馆、图书馆和一座致力于当代音乐和戏剧的文化区域。博物馆在蓬皮杜总统去世三年后，由吉斯卡尔·德斯坦总统于 1977 年创建。

1976 年，吉斯卡尔·德斯坦总统决定在拉维列特（La Villette）角斗场的遗址上建立一座科学、技术与工业博物馆，与一座大型公园和音乐设施并排。安德伦·范新伯（Adrien Fainsilber）负责在十九区科朗坦卡里乌大街（rue Corentin Cariou）30 号建立科学工业城（Cité des Sciences et de l' Industrie），这座科学工业城最

① 麦卡诺模型，也叫麦卡诺玩具模型，就是用麦卡诺组件组装成任何想要的模型，其中麦卡诺组件包括金属条、板材、大梁、轮子、滑轮、齿轮、轴环和轴杆、螺母和螺栓等。——译者注

上图 蓬皮杜中心，位于第四区圣马丁大街 102 号。占地 166 米（$544^1/_2$ 英尺）长，45.5 米（$149^1/_4$ 英尺）高，建筑物的正面由金属和玻璃构成，一座大型的红色自动扶梯使其生机勃勃。

初由弗朗索瓦·密特朗总统为了庆祝哈雷彗星的通过于 1986 年 3 月 13 日开放。1985 年，范新伯与工程师杰拉尔德·夏玛尤（Gérard Chamayou）合作，在科朗坦卡里乌大街 26 号的拉瑞奥德（La Géode) 建立了 IMAX 电影院。

1977 年，吉斯卡尔·德斯坦总统产生了将之前的奥赛火车站（Gare d'Orsay) 改造成一座博物馆的想法。这个项目委托给建筑师雷诺·巴登（Renaud Bardon）、彼埃尔·克尔博克（Pierre Colboc）和让－保罗·菲利蓬（Jean–Paul Philippon），内部设计由盖·奥兰蒂（ Gae Aulenti）负责。1986 年，吉斯卡尔·德斯坦的继承者弗朗索瓦·密特朗，开放了位于七区荣誉军团勋章大街（rue de la Légion d'Honneur）1 号的奥赛博物馆（Musée d'Orsay）以及十九区拉维列特公园（Parc de la Villette) 的科学博物馆（the Science Museum)。奥赛博物馆展出了 1848 到 1914 年间的西方艺术，包括莫奈（Monet）、马奈（Manet）、毕沙罗（Pissarro）和德加（Degas）的印象派油画。

弗朗索瓦·密特朗总统促成建立了几座新的纪念碑。1981 年，他决定将整座罗浮宫变成一座博物馆。位于拿破仑三世（Napoléon III) 罗浮宫之翼（Wing of the Louvre）的 财政部（the Ministry of Finance) 办公室被移至十二区贝尔西大道 1 号（1 Boulevard de Bercy) 由博尔哈·乌依多博（Borja Huidobro）和保罗·奢门多（Paul Chementov）于 1989 年建造的一座政府建筑中。这一举动为罗浮宫的更多画廊提供了空间，之前放于库房的收藏品也由此展出。1989 年贝聿铭（Ieoh Ming Pei）[①] 在拿破仑庭院（Napoleon Courtyard）设计了一个透明玻璃金字塔，成博物馆的主要入口。

在这一时期，音乐设施上也有重大投资。1989 年，第二歌剧院由卡洛斯·奥托（Carlos Ott）建造，与在十二区巴士底广

---

① 贝聿铭，美籍华人建筑师，同济大学名誉教授。——译者注

奥赛博物馆的宏伟艺术长廊。博物馆房间陈列着 1848—1914 年的作品，从罗浮宫（the Louvre) 展品到蓬皮杜中心展品。

上图 拉瑞奥德，位于十九区科朗坦卡里乌大街 26 号。拉瑞奥德是一个直径为 26.5 米（120 英尺）的球体，表面由抛光的钢铁制成的镜子覆盖，矗立在科学工业城旁边（the Science and Industry City）。

下页图 四区斯特拉文斯基（Stravinsky）广场的斯特拉文斯基喷泉。1983 年由尚 · 丁格利（Jean Tinguely，1925—1951）和圣佛莉（Saint Phalle，1930—2002）设计。它展示了作曲家斯特拉文斯基的作品《春之祭》（*Rite of Spring*）的核心主题。

场（Place de la Bastille）2号开业的加尼叶歌剧院（Opéra Garnier）[1]相辅相成。而位于拉维列特公园的音乐场馆于1995年竣工，促进了巴黎东部文化的发展。

克里斯蒂安·德·波特赞姆巴克（Chrustian de Portzamparc）在拉维列特公园建造了带有两翼的巴黎音乐城（Cité de la Musique）。东翼包含了一个音乐大厅，一个多媒体图书馆和一个

① 加尼叶歌剧院，又称巴黎歌剧院（法语：Opéra de Paris），是世界上最大的抒情剧场。拿破仑三世典型的建筑之一。——译者注

左图 位于佛赛－圣－伯纳德街1号的阿拉伯世界博物馆南面细节图，受阿拉伯建筑物的启发，该建筑的南面为240个铝板，模仿传统阿拉伯烧烤架。这些面板是由每个小时自动开启又关闭的膜片构成。

下页图 国立音乐学院（the National Superior Consevatory of Music），位于十九区让·饶勒斯大街（Avenue Jean-Jaurés）221号，由建筑师克里斯蒂安·德·波特赞姆巴克所建造。

巴士底广场上的巴士底歌剧院以及七月柱。

博物馆——巴黎音乐博物馆（the Musée de la Musique），坐落在十九区让·饶勒斯大街（Avenue Jean-Jaurès）221 号。西翼坐落在让·饶勒斯大街 211 号，建有国立音乐舞蹈学院，巴黎国立音乐舞蹈学院（Conservatoire National Supérieur de Musique et de Danse de Paris）始建于 1795 年。

让·努维尔（Jean Nouvel）、皮埃尔·索里亚（Pierre Soria）和建筑工作室（Architecture Studio），为介绍阿拉伯世界的文明，而在五区佛赛－圣－伯纳德街（rue des Fossés-Saint-Bernard）1 号建造了阿拉伯世界博物馆（Institut du Monde Arabe）。

同时，由于 20 世纪印刷业的兴盛发展，二区黎塞留路 56 号的国家图书馆已经远超出原定规模。于是巴黎计划再次选址建造法国国家图书馆，这个新图书馆位于十三区弗朗索瓦·莫里亚克码头（Quai François Mauriac），由多米尼克·佩罗（Dominique Perrault）设计，1996 年对公众开放。

雅克·希拉克总统想建造一个用于介绍非洲、亚洲、东方和美洲文明的文化中心。这个码头博物馆位于七区埃菲尔铁塔旁边布利码头（Quai Branly），由让·卢薇尔（Jean Nouvel）仿照艺术节所设计，布利码头博物馆里馆藏 30 万件藏品，配有一个文化中心以及研究和教育设施。

20 世纪后半叶，很多商业和工业用地被重新改建为公园，附近建起了购物中心和公寓大楼，包括位于巴尔塔（Baltard Pavilions）原址的市内集市广场（Forum des Halles），巴尔塔于 1971 年被毁，以及位于十二区的贝尔西（Bercy）公园和位于十五区的安德鲁－雪铁龙（André-Citroën）公园。

上图 连接十二区和十三区的波伏瓦（Simone de Beauvoir）人行桥，由迪特玛尔·费池因格（Dietmar Feichtinger）2006 年设计。右方是法国国家图书馆的高楼。

布利码头博物馆（七区，布利码头 37 号）。主要立面上有 26 个样式和颜色都不一样的盒子，让人想到林中的树屋。

罗浮宫博物馆

从占地面积和每年参访人数来看，罗浮宫都是世界上最大的博物馆。罗浮宫原来是法国的王宫，自1793年后成为博物馆，馆藏有东方、埃及、希腊、伊特鲁里亚，以及罗马的艺术品。除此之外，还有自中世纪到1848年的伊斯兰艺术，西方的油画、雕像和绘画。在永久展馆一共有35000件展品，其中包括古希腊雕像如《米罗的维纳斯》《胜利女神像》。罗浮宫里还收藏有文艺复兴时期达·芬奇的名作《蒙娜丽莎》，这是世界上最著名的肖像画之一。

由 673 个玻璃板构成的罗浮宫金字塔，高 20.6 米，样式模仿埃及金字塔，由美籍华人设计师贝聿铭设计。

21 世纪的巴黎

首都城市总是享有特殊的地位。1975 年 12 月 31 日的政府改革设立了两级不同的地方政府，即巴黎市（Commune de Paris）和巴黎省（Département de Paris）。市长和巴黎议会（Council of Paris）统治着这座城市：执政主体包括 109 名由选举而产生的代表，被称作巴黎议员。

如今，这座城市被划分成二十个大区，每个区由当地民众选举一名区长，并听命于巴黎市长。每个区的议会都扮演着顾问的角色，由于区域性议会的影响，这一角色自 2002 年后得到蓬勃发展，并在当地人的生活中发挥着推动作用。

巴黎省省长（Préfet de Paris）兼巴黎大区行政长官 (préfet de la Région île-de-France) 同样掌管着巴黎省。与众不同的是，城市警察是由巴黎省省长（由共和国总统任命）负责。雅克·希拉克（Jacques Chirac）1977—1995 年担任巴黎市长，让·迪贝利（Jean Tibéri）1995—2001 年担任巴黎市长，接着是贝特朗·德拉诺埃（Bertrand Delanoë）自 2001 年起任职，他在 2008 年再次当选巴黎市长。

贝特朗·德拉诺埃在任期间采取措施推广公共交通，降低交

位于乔治·蓬皮杜轨道（Voie Georges Pompidou）旁的巴黎人工海滩。

通带来的污染，公交系统将继续覆盖从里拉门（Portes des Lilas）、布朗熊（Brancion）、旺夫（Vanves）开始的大环路。公交路线的延伸使其能覆盖更偏远的地方，促进了巴黎的发展。2006 年就在元帅大路（Boulevards des Maréchaux）开始建造的电车系统承诺会降低这条环线的交通压力。2007 年，巴黎引进了一套自助租借自行车的系统，被称为“Velib”，这个系统租出了 20000 辆自行车，每年吸引 20000 名预订者，被认为是巨大的成功。

巴黎还举办各种特色活动，比如“不眠之夜”（White Night）“巴黎沙滩节”（Paris Plages）。自 2002 年起，每年 7 月 20 日到 8 月 20 日，各种娱乐和体育活动就在塞纳河右岸和拉维莱特人工海滩（La Villette Canal Basin）上举办。

多亏一系列控制措施，巴黎的标志性遗产得以保存。根据 1913 年起文物保护的各种立法，超过 1000 处历史遗迹、大楼和公寓被完好地保存了下来。1962 年的马尔罗法（Malraux law）规定玛黑区 310 公顷的区域以及圣日耳曼区 420 公顷的区域为“保护区”，给这两个区提供了额外的保护。1994 年，塞纳河低岸地区被联合国教科文组织列入“世界遗产”，从河岸或者河上的 37 座桥梁上俯瞰塞纳河，风景极佳。

还有很多建筑有着极佳的室内设计，法兰西银行的黄金画廊（Golden Gallery）是图卢兹官邸的“宝石”。这个画廊于 1870 年到 1875 年由夏尔・奎斯特尔（Charles Questel）重建。他完全仿照了弗朗索瓦·芒萨尔(François Mansart)1640年的设计。弗朗索瓦·安东尼・瓦塞（François Antoine Vassé）所作的 10 座宏伟的基线浮雕被复原了。浮雕上刻画的是路易十四的儿子图卢兹伯爵狩猎的场景，海军主题以及狩猎的战利品分别象征着海军上将以及大猎人。

贾克马特－安德烈博物馆（Musée Jacquemart-André）位于贾克马特·安德烈公寓旧址。这个公寓建于1875年，由亨利·百航（Henri Parent）所建，这个博物馆将人们带回了18世纪。雅间里展示着格勒兹（Greuze）、弗拉戈纳尔（Fragonard）和夏尔丹（Chardin）的大作，提埃坡罗（Tiepolo）的壁画则装点了冬园里戏剧式的楼梯。

由亨利·拉布鲁斯特（Henri Labrouste）1868年设计的阅览室，直到1996年一直是国家图书馆的标志。9个象牙色外加釉色装饰的穹顶与玻璃顶相接，玻璃顶滤过光线，使穿过来的光线没那么强烈，16个钢铁制细柱子让整个阅览室看起来像是教堂的柱子大厅。

葛曼名人蜡像馆（Grévin Museum）以其传奇的景点——镜子大厅为特色。镜子大厅是欧仁·和纳德（Eugène Hénard）为1900年世博会所设计的，充满镜子的房间就像个巨大的万花筒，让人想起《一千零一夜》里的宏伟宫殿。

由于城市化发展开始得比较晚，地下土层不稳定，以及很多的传统街区和工场，巴黎东北部发展较为缓慢。巴黎东北部，道路蜿蜒、葡萄藤蔓遍布以及蔬菜多产的蒙马特区显得极为突出。沿着布鲁雅路（Brouillard）和朱诺路（Avenue Junot）还有很多别墅。

每年都有200万人前往位于二十区的拉雪兹神父公墓（Père-Lachaise Cemetery）参观，公墓建于1804年。人们在大革命英雄、帝国元帅的墓前，在为纪念巴黎公社而建造的公社墙前思绪万千，

贾克马特·安德烈博物馆（八区霍斯曼大道158号）。精致的双层楼梯上装饰有提埃坡罗所作的壁画，该壁画原先位于意大利威尼斯的康达利尼（Contarini）庄园。

法兰西银行的金色画廊，位于一区小香榭克鲁瓦街 31 号。法兰西银行于 1808 年买下了图卢兹官邸。拱顶上的画是弗朗索瓦·佩里耶（François Perrier）原作的仿品。

上图　位于九区蒙马特大道葛曼名人蜡像馆的镜子屋。

在海洛伊丝（Héloïse）、阿伯拉德（Abélard）、弗雷德里克·肖邦（Frédéric Chopin）、吉姆·莫里森（Jim Morrison）等人的墓前举行祭祀。

喜爱漫步的人有很多极佳去处，如巴黎小王宫的内部花园——马尔伯里园（Mulberry Courtyard），位于巴黎美术学院；或是加米耶·朱利安广场（Camille Jullian）上的卡尔波喷泉（Carpeaux Fountain）。巴黎西南部的十三区，则建起了法兰西大道和巴黎第七大学（UnIversité Paris Diderot）。巴黎第七大学于 2007 年揭幕，然而奥斯特里茨桥和奥斯特里茨城门则正在翻修。

最近，1907 年建造的保税仓库、大百货商场被建筑设计所贾科布·麦克法兰（Jakob MacFarlane）重建，其承诺改建后将促进法国时尚设计协会附近的商业发展。巴黎从未停止自我更新，因而这个城市永远有着无穷的惊喜等着人们去发现。

下页图　二十区黑博路（Repos）16 号拉雪兹神父公墓的肖邦墓。

译后记

巴黎的时尚和优雅让人往往忽略它厚重的历史感和精美的艺术性。事实上，早在距今11000年的中石器时代，巴黎就已经有了临时定居的游牧民族。卢泰西亚作为巴黎的前身，在恺撒的著名《高卢战记》中就有所描述。而提到巴黎的艺术，人们往往首先想到作为巴黎地标的埃菲尔铁塔，事实上，至少在埃菲尔铁塔建立之时，巴黎的多数文学家和艺术家是拒绝将这种现代感十足的钢铁工业制品与巴黎与艺术扯上任何联系。

本书以巴黎城的历史为轴，来介绍巴黎的建筑设计、布局变迁，穿插法国乃至欧洲的历史事件，两位作者在博物馆工作多年，书中每一个事件都围绕着丰富的档案资料和摄影作品，通过图文并茂的形式，生动而形象地呈现在读者眼前。它不是一本旅游图册，也不是一本历史记录，更像一个有逻辑有组织的移动巴黎城历史博物馆展。

提到巴黎的历史，人们首先想到的往往是太阳王路易十四，枭雄拿破仑，还有戴高乐总统这些在法国历史乃至世界历史上浓墨重彩地留下一笔的英雄人物，而在本书中，从史前的巴黎，到巴黎前身卢泰西亚，到墨洛温王朝、加洛林王朝、卡佩王朝、瓦卢瓦王朝到近现代的巴黎，作者严谨地以时间和历史为轴，而又侧重于历史人物和历史事件对巴黎城的贡献或影响。熟悉法国历史的读者会发现本书的每一章节都是既熟悉又重新组合，以新的角度诠释的历史事件及人物；不熟悉法国历史的读者则会看到一个世界都市与世界历史的种种交汇及其丰富的艺术产物。

本书每一章节都不断涌现许许多多新的人物，巴黎是无数艺术家、政治家、建筑师一代代积累贡献的伟大作品，这本书如此精简的文字中却将所能查到的这些人物的名字及事件一一列举。与历史书籍不同的是，本书对政治人物简单带过，除了少数对巴黎城有着重要贡献的历史人物，而对巴黎的建筑师及艺术家们，作者用了比政治人物更大的篇幅及笔墨来致敬。由此也可以看出巴黎这个艺术之都对艺术和匠师的尊崇。

本书档案资料极为丰富，作者坚持以档案资料辅助文字的介绍。如历史上赛纳河曾多次洪水泛滥，作者在文字叙述的同时，辅以 20 世纪初路易斯・佩林的水彩画，画中巴黎五区的迈特艾伯特大街洪水泛滥，巴黎人民撑船走在街道上，还有几张珍贵的巴黎洪水的老照片；又如温泉浴场是罗马时期的巴黎重要社交场所，然而巴黎五区的克吕尼温泉浴场现在仅剩遗迹，本书便配上了 1845 年阿什利・波瓦霍特所绘制的温泉浴场大厅的水彩画，从而古罗马的浴场情景便一目了然。本书的档案资料原件遍布巴黎各大博物馆，丰富繁杂，可作为巴黎深度游辅助书目。

本书我极为推荐在巴黎的留学生和旅游者购买阅读。在巴黎城学习或游玩时，结合本书的线索，在巴黎城游历，甚至可以根据书中档案资料的记录去各大博物馆寻找资料的原件。与简单地旅游相比，收获和感触会大大不同。

爱逛博物馆的人尤其不可错过本书。本书的作者在博物馆工作多年，写书的时候也遵循了博物馆展览的组织思路，以历史为线索，围绕着每一时期的档案资料，提纲挈领地将巴黎城的历史事件和地理变迁联系起来，正如我所说，本书是极为难得的巴黎城历史展览，所收集的档案散布于巴黎各大博物馆，便是亲身前往巴黎博物馆也绝对难以看到如此有序，如此之丰富的展品及介绍。

译完本书时，正值巴黎细雨连绵，塞纳河水位大涨，我住所附近的天鹅岛被淹，我立刻联想到历史上巴黎城每百年一次的洪水，联想到路易斯·佩奇的巴黎大洪水水彩画。去五区的时候，再次经过被围起来的温泉浴场遗址，对浴场这个罗马时期社会生活的重要场所有了比以前更清晰的了解和定位， 再次逛罗浮宫的时候，走到地下的城墙地牢，会想起菲利普·奥古斯这位伟大的法国君王……

最后，很感谢在本书翻译过程中陪我游览巴黎的伙伴们，以及多次帮我校对本书的朋友。

林付蕾

巴黎夜景图，这张照片突出了战神广场、埃菲尔铁塔和卡德罗宫。